目次
―Contents―

はじめに ……………………………………………… 3
HSK概要 ……………………………………………… 4

■HSK1級 試験概要
HSK1級について ……………………………………… 8
試験当日の流れ ……………………………………… 10
試験の流れ …………………………………………… 11
問題形式の確認 ……………………………………… 13
聴力試験のスクリプト ……………………………… 18
解答用紙 ……………………………………………… 19

■過去問題
第1回 …………………………………………………… 21
　　　　　　　　　　　　　◎disk1 track 1～6
第2回 …………………………………………………… 31
　　　　　　　　　　　　　◎disk1 track 7～12
第3回 …………………………………………………… 41
　　　　　　　　　　　　　◎disk1 track 13～18
第4回 …………………………………………………… 51
　　　　　　　　　　　　　◎disk1 track 19～24
第5回 …………………………………………………… 61
　　　　　　　　　　　　　◎disk1 track 25～30

■解答・解説
第1回 …………………………………………………… 71
第2回 …………………………………………………… 83
第3回 …………………………………………………… 95
第4回 …………………………………………………… 107
第5回 …………………………………………………… 119

はじめに

1. 本書について

○ 本書には、2012年に実施された新HSKの試験5回分の問題を収録しています。聴力問題は添付CDに収録されていますのでご活用ください。

○ 71ページからの解答・解説には、聴力問題のリスニングスクリプトと和訳、読解問題の和訳と解説を掲載しています。

○ 本書では、逐語訳を基本としていますが、訳文がなるべく自然な日本語となるよう、各文法要素が読み取れるような表現を使用しています。

2. 文法用語

解説では次の用語を使用しています。

文を構成するもの及び文の成分
- 単語、連語（=フレーズ）、節
- 主語、述語、目的語、状語（=連用修飾語）、定語（=連体修飾語）、補語（様態補語、程度補語、結果補語、方向補語、可能補語、数量補語）

品詞等
名詞、時間詞、場所詞、方位詞、数詞、量詞（名量詞、動量詞）、数量詞、代詞（人称代詞、指示代詞、疑問代詞）、動詞、助動詞、形容詞、副詞、介詞、接続詞、助詞（構造助詞、動態助詞、語気助詞）、感動詞、擬声詞、離合詞、成語、慣用語、接頭辞、接尾辞

HSK 概要

HSKとは？？

　HSKは中国語能力検定試験 "**汉语水平考试**" (Hanyu Shuiping Kaoshi) のピンインの頭文字をとった略称です。HSKは、中国政府教育部（日本の文部科学省に相当）が認定する世界共通の中国語の語学検定試験で、母語が中国語ではない人の中国語の能力を測るために作られたものです。現在、中国国内だけでなく、世界各地で実施されています。

Hanyu　**S**huiping　**K**aoshi
汉语　　水平　　考试

中国政府認定
世界共通のテスト

新HSKの導入と試験内容

　HSKは、1990年に中国国内で初めて実施され、翌1991年から、世界各国で実施されるようになりました。

　2010年から導入された新HSKでは、これまで以上にあらゆるレベルの学習者に対応できるよう、試験難易度の幅を広げ、各段階での学習者のニーズを満たすことを目指しました。また、HSKは、中国語によるコミュニケーション能力の測定を第一の目的とした実用的な試験です。そのため、実際のコミュニケーションで使用する会話形式の問題や、リスニング、スピーキング能力の測定に重点をおいた試験となっています。

リスニング

会話形式の問題

コミュニケーション能力を重視

HSK 受験のメリット

　HSKは、中国政府の認定試験であるため、中国において中国語能力の公的な証明として通用し、HSK証書は中国の留学基準や就職の際にも活用されています。

　また、2010年のリニューアルでは、ヨーロッパにおいて外国語学習者の能力評価時に共通の基準となるCEF[※1]と合致するよう設計されたため、欧米各国の外国語テストとの互換性から難易度の比較がしやすく、世界のどの地域でも適切な評価を受けることが可能となりました。

中国語能力の測定基準

- 自分の中国語能力を測定することで、学習の効果を確認するとともに、学習の目標として設定することでモチベーション向上につながります。

企業への中国語能力のアピール

- 企業採用選考時の自己アピールとして中国語能力を世界レベルで証明できるだけでなく、入社後の実務においても中国語のコミュニケーション能力をアピールする手段になり、現地（中国）勤務や昇進等の機会を得ることにつながります。

中国の大学への留学や中国での就職

- HSKは大学への本科留学の際に必要な条件となっています。また、中国国内での就職を考える際にも、中国語能力を証明するために必要な資格であると言えます。

日本国内の大学入試優遇

- 大学入試の際にHSKの資格保有者に対し優遇措置をとる大学が増えてきています。
（詳細はHSK事務局HP：http://www.hskj.jp）

※1
CEF（ヨーロッパ言語共通参照枠組み：Common European Framework of Reference for Languages: Learning, teaching, assessment）は、ヨーロッパにおいて、外国語教育のシラバス、カリキュラム、教科書、試験の作成時、および学習者の能力評価時に共通の基準となるもので、欧州評議会によって制定されたもの。学習者個人の生涯にわたる言語学習を、ヨーロッパのどこに住んでいても断続的に測定することができるよう、言語運用能力を段階的に明記している。

HSK 各級のレベル

新HSKでは、1級から6級までに級が分けられ、合否およびスコアによって評価されます。

難易度	級	試験の程度	語彙量	CEF	
高	6級	中国語の情報をスムーズに読んだり聞いたりすることができ、会話や文章により、自分の見解を流暢に表現することができる。	5,000語以上の常用中国語単語	C2	熟達した言語使用者
	5級	中国語の新聞・雑誌を読んだり、中国語のテレビや映画を鑑賞したりでき、中国語を用いて比較的整ったスピーチを行うことができる。	2,500語程度の常用中国語単語	C1	
	4級	中国語を用いて、広範囲の話題について会話ができ、中国語を母語とする相手と比較的流暢にコミュニケーションをとることができる。	1,200語程度の常用中国語単語	B2	自律した言語使用者
	3級	生活・学習・仕事などの場面で基本的なコミュニケーションをとることができ、中国旅行の際にも大部分のことに対応できる。	600語程度の基礎常用中国語単語及びそれに相応する文法知識	B1	
	2級	中国語を用いた簡単な日常会話を行うことができ、初級中国語優秀レベルに到達している。大学の第二外国語における第一年度履修程度。	300語程度の基礎常用中国語単語及びそれに相応する文法知識	A2	基礎段階の言語使用者
低	1級	中国語の非常に簡単な単語とフレーズを理解、使用することができる。大学の第二外国語における第一年度前期履修程度。	150語程度の基礎常用中国語単語及びそれに相応する文法知識	A1	

HSK1級 試験概要

HSK1級について

　HSK1級は、受験生の日常中国語の応用能力を判定するテストで、「非常に簡単な中国語の単語と文を理解、または使用することができ、具体的なコミュニケーションを行うことができる。また、中国語を学習するための基礎能力も備えている」ことが求められます。主に週2～3回の授業を半年間（1学期間）習い、150語程度の常用単語と文法知識を習得している者を対象としています。

試験内容

聴力（聞き取り）：約15分・放送回数2回

パート	形　　式	問題数
第1部分	放送される語句が写真と一致するかを答える	5題
第2部分	放送される短文の内容に一致する写真を選ぶ	5題
第3部分	放送される会話文の内容に一致する写真を選ぶ	5題
第4部分	放送される短文の内容に関する問いに答える	5題

読解：17分

パート	形　　式	問題数
第1部分	語句が写真と一致するかを答える	5題
第2部分	短文に一致する写真を選ぶ	5題
第3部分	短い疑問文とその答えを組み合わせる	5題
第4部分	文中の空所に適切な語句を補う	5題

○試験開始の前に、解答用紙に個人情報を記入する時間が与えられます。
○聴力試験終了後に、解答用紙に記入する時間が予備として3分間与えられます。

成績および有効期間

○聴力、読解の配点はそれぞれ100点、合計200点で評価されます。

○総得点120点が合格ラインです。

○HSK１級の成績証には、聴力、読解のそれぞれの得点および総得点が明記されます。

○成績証は合否に関わらず受験者全員（試験無効者を除く）に送付され、発送には試験後約60日を要します。

○試験の約１カ月後から、HSK公式ホームページ（http://www.hskj.jp）にて成績照会を行うことが可能（受験番号と姓名の入力が必要）です。

○HSK１級の成績は長期有効です。ただし、外国人留学生が中国の大学に入学するための中国語能力証明とする場合、その有効期間は受験日から起算して２年間とされています。

試験当日の流れ

ここでは、試験当日の注意事項や、試験の概要を紹介します。

持ち物

試験当日の持ち物を確認しておきましょう。

> □ 受験票（顔写真を貼りつけたもの）
> □ 身分証明書（顔写真付きのもの）
> □ 鉛筆（HB以上の濃いもの）
> □ 消しゴム
> □ 時計（携帯電話等は不可）

※身分証明書（顔写真付きのもの）を忘れると受験ができません。必ず持参しましょう。

集合時間

受験票に記載されている集合時間を確認しておきましょう。
試験開始時刻の20分前に受付が開始されます。
試験開始時刻から試験の事前説明が始まり、これ以降は入室できなくなりますので注意しましょう。

試験の流れ

試験開始から終了までは次のような流れで進行します。

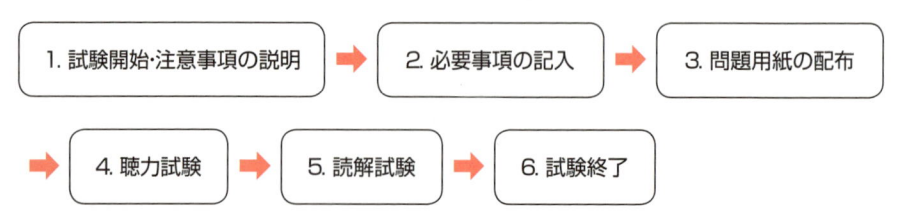

1. 試験開始・注意事項の説明 → 2. 必要事項の記入 → 3. 問題用紙の配布 → 4. 聴力試験 → 5. 読解試験 → 6. 試験終了

次ページ以降では、試験の流れを詳しく見ていきます。

※1級の試験では、聴力試験の放送内容以外の指示は日本語で行われます。聴力試験の放送内容は18ページで紹介していますので、事前に確認しておきましょう。

試験の流れ

1. 試験開始・注意事項の説明

試験開始時刻になると、事前説明が始まります。

試験中の注意事項および試験の内容に関して、説明が行われます。

この説明開始以降は、原則として試験終了まで入退室できませんので注意しましょう。

2. 必要事項の記入

試験開始時間になると、解答用紙が配布されます。

試験官の指示に従い、受験票に記載されている番号などを参考にして必要事項の記入を行いましょう。

① 姓名（名前）
② 中文姓名（中国語の名前：記入不要）
③ 考生序号（受験番号）
④ 考点代碼（受験地番号）
⑤ 国籍（国籍：番号）
⑥ 年齢（年齢）
⑦ 性別（性別）

※③〜⑥は左側の空欄に数字を記入したうえで、その横に並んでいる番号のうち、該当するものをそれぞれマークしてください。

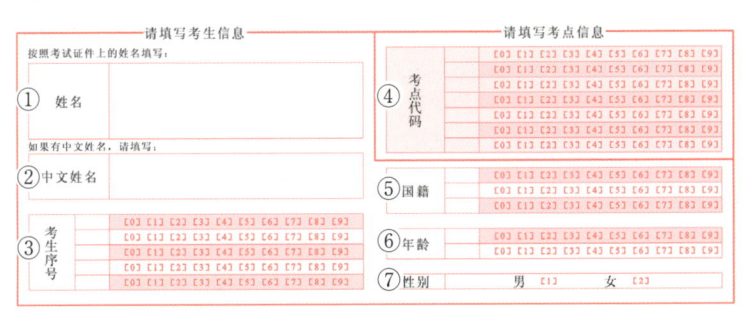

3. 問題用紙の配布

必要事項の記入が始まると、問題用紙が配布されます。問題用紙は試験官から指示があるまで開封できません。問題用紙にも受験番号を記入し、指示を待ちましょう。

問題用紙に記載してある注意事項について、試験官から次のような説明があります。

> ① HSK1級の試験は2つの部分に分かれています。
>   1. 聴力（聞き取り）試験（20題、約15分間）
>   2. 読解試験（20題、17分間）
> ② 解答は直接解答用紙に記入してください。聴力試験の後、解答用紙を記入するための予備時間が3分間与えられます。
> ③ 試験時間は全部で約50分間です。（事前説明および個人情報を書き込む時間を含む）

※説明の後、会場ごとに聴力試験、読解試験の開始時間および終了時間が記入・掲示されますので、終了時間は会場ごとに異なる場合があります。

4. 聴力試験

説明の後、試験官より聴力試験開始の合図があり、放送が開始します。

聴力試験中は全ての放送が中国語となります。聴力試験の試験時間は約15分間です。
※聴力試験の放送内容は18ページで紹介しています。

放送が終了すると、試験官より聴力試験終了の合図があります。その後3分間が与えられますので、解答を書ききれなかった場合は、この時間で解答の記入を行います。

5. 読解試験

解答用紙の記入時間が終了すると、試験官より読解試験開始の合図があります。

読解試験の試験時間は17分間です。

読解試験終了の5分前に、一度アナウンスがあります。

6. 試験終了

試験終了時間になると、試験官が問題用紙と解答用紙を回収します。

これで試験は終了です。試験官の指示に従って退出しましょう。

問題形式の確認

HSK 1 級の試験では、各パートの初めに例題が用意されています。
ここでは、例題の内容と和訳を紹介しています。各パートの問題形式を、確認しておきましょう。

	パート	問題数	時間	配点
听力 （聴力）	第 1 部分	5 題	約 15 分間	100 点
	第 2 部分	5 題		
	第 3 部分	5 題		
	第 4 部分	5 題		
阅读 （読解）	第 1 部分	5 題	17 分間	100 点
	第 2 部分	5 題		
	第 3 部分	5 題		
	第 4 部分	5 題		

1 听 力

> **第1部分**

第1部分は、正誤判断の問題です。簡単な単語やフレーズがそれぞれ2回ずつ読み上げられます。読み上げられた単語が写真の内容と一致する場合には「✓」を、一致しない場合には「×」を選択しましょう。
あらかじめ写真を見て、単語を予測しておくことでスムーズに答えが導けます。

【例題】

| スクリプト | hěn gāoxìng 很 高兴 |
| スクリプト和訳 | うれしい | 正解 ✓ |

| スクリプト | kàn diànyǐng 看 电影 |
| スクリプト和訳 | 映画を見る | 正解 × |

> **第2部分**

第2部分は、短文の内容から写真を選択する問題です。
短文が2回ずつ読み上げられるので、短文の内容と一致する写真を選びましょう。写真は3つ与えられています。あらかじめ写真を見て、準備をしておきましょう。

【例題】

A　　B　　C

| スクリプト | Zhè shì wǒ de shū. 这 是 我 的 书。 |
| スクリプト和訳 | これは私の本です。 | 正解 A |

[第3部分]

第3部分は、会話文の内容から写真を選択する問題です。
2人の会話文が2回ずつ読み上げられるので、会話の内容と一致する写真を選びましょう。写真は例題を除いて5つ与えられており、全ての選択肢が1回ずつ選ばれるようになっています。あらかじめ写真を見て、準備をしておきましょう。

【例題】

A 　　B 　　C 　　D 　　E 　　F

スクリプト
女：Nǐ hǎo!
你好！
男：Nǐ hǎo! Hěn gāoxìng rènshi nǐ.
你好！很高兴认识你。

スクリプト和訳
女：はじめまして！
男：はじめまして！お目にかかれてうれしいです。

正解 **C**

[第4部分]

第4部分は、短文の内容に関する問題です。短文と、その内容に関する問いがそれぞれ2回ずつ読み上げられます。問いに対する答えとして正しいものを、与えられた3つの選択肢から選びましょう。あらかじめ3つの選択肢に目を通しておきましょう。選択肢にはピンインが書いてありますので、聞き取るときのヒントになります。

スクリプト
Xiàwǔ wǒ qù shāngdiàn, wǒ xiǎng mǎi yìxiē shuǐguǒ.
下午 我 去 商店，我 想 买 一些 水果。
Tā xiàwǔ qù nǎlǐ?
问：他下午去哪里？

選択肢
A shāngdiàn 商店　　B yīyuàn 医院　　C xuéxiào 学校

スクリプト和訳
私は午後にお店に行って、果物を少し買おうと思います。
問題：彼は午後にどこに行きますか？

正解 **A**（お店）

15

2 阅 读

> 第1部分

第1部分は、正誤判断の問題です。写真と単語が与えられていますので、写真の内容が単語の意味と一致する場合には「✓」を、一致しない場合には「×」を選択しましょう。

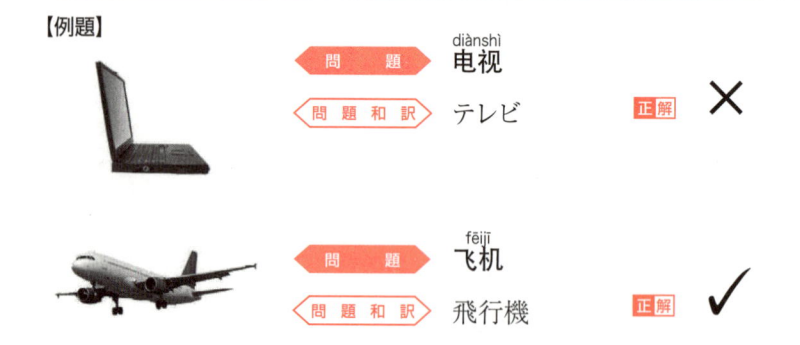

【例題】

問 題　diànshì 电视
問題和訳　テレビ
正解　×

問 題　fēijī 飞机
問題和訳　飛行機
正解　✓

> 第2部分

第2部分は、短文の内容から写真を選択する問題です。与えられた短文を読み取り、その内容と一致する写真を選びましょう。
写真は例題を除いて5つ与えられており、全ての選択肢が1回ずつ選ばれるようになっています。

【例題】

A　B　C　D　E　F

問 題　Wǒ hěn xǐhuan zhè běn shū. 我 很 喜欢 这 本 书。
問題和訳　私はこの本がとても好きです。
正解　E

16

> 第3部分

第3部分は、疑問文の答えを選択する問題です。与えられた疑問文に対し、適切な返答を選びましょう。選択肢は例題を除いて5つ与えられており、全ての選択肢が1回ずつ選ばれるようになっています。

【例題】

選択肢　A 医院(Yīyuàn)。　B 下雨了(Xià yǔ le)。　C 我不认识她(Wǒ bú rènshi tā)。
　　　　D 7岁(suì)。　E 下个月(Xià ge yuè)。　F 好的，谢谢(Hǎo de, xièxie)！

問題　你喝水吗(Nǐ hē shuǐ ma)？

問題和訳　お水を飲みますか？　　正解 F（はい、ありがとう）！

> 第4部分

第4部分は、空所補充問題です。短文の空所部分に適切な語句を補い、意味の通る文章を作りましょう。語句の選択肢は例題を除いて5つ与えられており、全ての選択肢が1回ずつ選ばれるようになっています。

【例題】

選択肢　A 坐(zuò)　B 前面(qiánmiàn)　C 没关系(méi guānxi)
　　　　D 名字(míngzi)　E 汉语(Hànyǔ)　F 月(yuè)

問題　你叫什么(Nǐ jiào shénme)（　）？

問題和訳　あなたは何という（名前）ですか？　　正解 D（名前）

17

聴力試験のスクリプト

　ここでは聴力試験の放送内容を紹介しています。問題のスクリプトは解答・解説を参照してください。実際の試験で日本語は放送されません。

> "大家好！欢迎参加HSK一级考试。"
> 「みなさん、こんにちは。HSK1級の試験にようこそ。」
> （3回放送されます。）

> "HSK一级听力考试分四部分，共20题。请大家注意，听力考试现在开始。"
> 「HSK1級の聴力試験は4つの部分に分かれており、全部で20題です。それでは、今から聴力試験を始めますので、注意して聴いてください。」

その後、第1部分から順に放送が始まります。

各部分の初めには

> "一共〇个题，每题听两次。"
> 「全部で〇題あり、各問題の音声は2回ずつ流れます。」

というアナウンスがあります。

続いて例題が放送され、

> "现在开始第〇题。"
> 「それでは、第〇題から始めます。」

というアナウンスの後、問題が始まります。

全ての問題が終わると、

> "听力考试现在结束。"
> 「これで聴力試験は終わります。」

とアナウンスがあり、試験官の指示が続きます。

1級　解答用紙

汉语水平考试 HSK（一级）答题卡

请填写考生信息

按照考试证件上的姓名填写：

姓名：_____

如果有中文姓名，请写：

中文姓名：_____

考生序号：[0][1][2][3][4][5][6][7][8][9]
　　　　　[0][1][2][3][4][5][6][7][8][9]
　　　　　[0][1][2][3][4][5][6][7][8][9]
　　　　　[0][1][2][3][4][5][6][7][8][9]

请填写考点信息

考点代码：[0][1][2][3][4][5][6][7][8][9]
　　　　　[0][1][2][3][4][5][6][7][8][9]
　　　　　[0][1][2][3][4][5][6][7][8][9]
　　　　　[0][1][2][3][4][5][6][7][8][9]
　　　　　[0][1][2][3][4][5][6][7][8][9]

国籍：[0][1][2][3][4][5][6][7][8][9]
　　　[0][1][2][3][4][5][6][7][8][9]
　　　[0][1][2][3][4][5][6][7][8][9]

年龄：[0][1][2][3][4][5][6][7][8][9]
　　　[0][1][2][3][4][5][6][7][8][9]

性别：　男 [1]　　女 [2]

注意　请用2B铅笔这样写：■

一、听　力

1. [√] [X]　　6. [A] [B] [C]　　11. [A] [B] [C] [D] [E] [F]　　16. [A] [B] [C]
2. [√] [X]　　7. [A] [B] [C]　　12. [A] [B] [C] [D] [E] [F]　　17. [A] [B] [C]
3. [√] [X]　　8. [A] [B] [C]　　13. [A] [B] [C] [D] [E] [F]　　18. [A] [B] [C]
4. [√] [X]　　9. [A] [B] [C]　　14. [A] [B] [C] [D] [E] [F]　　19. [A] [B] [C]
5. [√] [X]　　10. [A] [B] [C]　　15. [A] [B] [C] [D] [E] [F]　　20. [A] [B] [C]

二、阅　读

21. [√] [X]　　26. [A] [B] [C] [D] [E] [F]　　31. [A] [B] [C] [D] [E] [F]　　36. [A] [B] [C] [D] [E] [F]
22. [√] [X]　　27. [A] [B] [C] [D] [E] [F]　　32. [A] [B] [C] [D] [E] [F]　　37. [A] [B] [C] [D] [E] [F]
23. [√] [X]　　28. [A] [B] [C] [D] [E] [F]　　33. [A] [B] [C] [D] [E] [F]　　38. [A] [B] [C] [D] [E] [F]
24. [√] [X]　　29. [A] [B] [C] [D] [E] [F]　　34. [A] [B] [C] [D] [E] [F]　　39. [A] [B] [C] [D] [E] [F]
25. [√] [X]　　30. [A] [B] [C] [D] [E] [F]　　35. [A] [B] [C] [D] [E] [F]　　40. [A] [B] [C] [D] [E] [F]

1級第1回
問題

聴力試験‥‥‥‥‥ P.22～P.25
disk1 track 1～6

読解試験‥‥‥‥‥ P.26～P.29

第1回　1 听 力

第1部分

第1-5题

例如： ✓

×

1.

2.

3.

4.

5.

第 2 部分

第 6-10 题

例如： A ✓　　B　　C

6. A　B　C
7. A　B　C
8. A　B　C
9. A　B　C
10. A　B　C

第 1 回

23

第 3 部分

第 11-15 题

A  B

C  D

E  F

例如： 女：你好！
　　　　　Nǐ hǎo!

　　　　男：你好！ 很 高兴 认识 你。
　　　　　Nǐ hǎo! Hěn gāoxìng rènshi nǐ.

　　　　　　　　　　　　　　　　　　C

11.

12.

13.

14.

15.

第 4 部分

第 16-20 题

例如： Xiàwǔ wǒ qù shāngdiàn, wǒ xiǎng mǎi yìxiē shuǐguǒ.
下午 我 去 商店，我 想 买 一些 水果。

问： Tā xiàwǔ qù nǎlǐ?
他 下午 去 哪里？

A shāngdiàn 商店 ✓   B yīyuàn 医院   C xuéxiào 学校

16. A hěn rè 很 热   B hěn lěng 很 冷   C xiàyǔ le 下雨 了

17. A Qián xiǎojiě 钱 小姐   B Qián xiānsheng 钱 先生   C Lǐ lǎoshī 李 老师

18. A kāi chē 开 车   B zuò huǒchē 坐 火车   C zuò fēijī 坐 飞机

19. A hē chá 喝 茶   B dú shū 读 书   C kàn diànshì 看 电视

20. A qiántiān 前天   B zuótiān 昨天   C jīntiān shàngwǔ 今天 上午

第 1 回 2 阅 读

第 1 部分

第 21-25 题

例如：

diànshì
电视　　×

fēijī
飞机　　✓

21. 　　hē
　　　喝

22. 　　yǐzi
　　　椅子

23. 　　yīfu
　　　衣服

24. 　　shuōhuà
　　　说话

25. 　　gǒu
　　　狗

第 2 部分

第 26-30 题

A

B

C

D

E

F

例如： Wǒ hěn xǐhuan zhè běn shū.
我 很 喜欢 这 本 书。 　　E

26. Qǐng zài zhèr xiě míngzi.
请 在 这儿 写 名字。

27. Tāmen mǎile hěn duō dōngxi.
她们 买了 很 多 东西。

28. Wǒ ài chī mǐfàn.
我 爱 吃 米饭。

29. Kànjiànle ma? Zài nàr, zài qiánmiàn.
看见 了 吗？ 在 那儿, 在 前面。

30. Wéi, Xiǎoyuè, wǒ 15 fēnzhōng hòu huíqù.
喂, 小月, 我 15 分钟 后 回去。

27

第 3 部分

第 31-35 题

例如： Nǐ hē shuǐ ma?
你 喝 水 吗 ？　　[F]　A　Zuò chūzūchē.
坐 出租车。

31. Nǐmen shéi huì kāi chē?
你们 谁 会 开 车 ？　　[ ]　B　Xià xīngqīrì.
下 星期日。

32. Tā nǚ'ér jīnnián duō dà le?
他 女儿 今年 多 大 了 ？　　[ ]　C　Tài xiǎo le.
太 小 了。

33. Nǐ xiàwǔ zěnme qù huǒchēzhàn?
你 下午 怎么 去 火车站 ？　　[ ]　D　Wǒ.
我。

34. Zhège zhuōzi zěnmeyàng?
这个 桌子 怎么样 ？　　[ ]　E　9 suì.
9 岁。

35. Māma shénme shíhou huílái?
妈妈 什么 时候 回来 ？　　[ ]　F　Hǎode, xièxie!
好的，谢谢 ！

第4部分

第36-40题

A 回(huí)　B 同学(tóngxué)　C 能(néng)　D 名字(míngzi)　E 汉语(Hànyǔ)　F 多少(duōshao)

例如：你叫什么(Nǐ jiào shénme)（ D ）？

36. 你看见我的(Nǐ kànjiàn wǒ de)（　　）书了吗(shū le ma)？

37. 你们学校有(Nǐmen xuéxiào yǒu)（　　）个学生(ge xuésheng)？

38. 对不起，我今天不(Duìbuqǐ, wǒ jīntiān bù)（　　）和你看电影了(hé nǐ kàn diànyǐng le)。

39. 女：你那个(Nǐ nàge)（　　）在哪儿工作(zài nǎr gōngzuò)？

　　男：医院(Yīyuàn)。

40. 男：儿子说中午不(Érzi shuō zhōngwǔ bù)（　　）家吃饭了(jiā chī fàn le)。

　　女：好，那我们少做几个菜(Hǎo, nà wǒmen shǎo zuò jǐ ge cài)。

1級第2回
問題

聴力試験·········· P.32〜P.35
　　　　　　　　disk1 track 7〜12
読解試験·········· P.36〜P.39

第 2 回　1 听　力

第 1 部分

第 1-5 题

例如：　✓

　　　　　×

1.

2.

3.

4.

5.

第 2 部分

第 6-10 题

例如：

A ✓　　　B　　　C

6.　A　B　C

7.　A　B　C

8.　A　B　C

9.　A　B　C

10.　A　B　C

第 3 部分

第 11-15 题

A

B

C

D

E

F

例如： 女：你好！

男：你好！很高兴认识你。　　C

11.

12.

13.

14.

15.

第 4 部分

第 16-20 题

例如：Xiàwǔ wǒ qù shāngdiàn, wǒ xiǎng mǎi yìxiē shuǐguǒ.
下午 我 去 商店，我 想 买 一些 水果。

问：Tā xiàwǔ qù nǎlǐ?
他 下午 去 哪里？

A shāngdiàn 商店 ✓   B yīyuàn 医院   C xuéxiào 学校

16. A shuìjiào 睡觉   B zuò cài 做菜   C xiě zì 写字

17. A huǒchēzhàn 火车站   B fēijī shang 飞机上   C diànyǐngyuàn 电影院

18. A tài dà 太大   B tài xiǎo 太小   C hěn piàoliang 很漂亮

19. A bàba de 爸爸的   B tóngxué de 同学的   C péngyou de 朋友的

20. A 3 ge yuè 3个月   B 8 ge yuè 8个月   C 9 ge yuè 9个月

第 2 回

2 阅 读

第 1 部分

第 21-25 题

例如：

电视 (diànshì) ✗

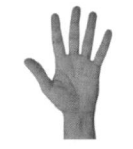

飞机 (fēijī) ✓

21. 五 (wǔ)

22. 苹果 (píngguǒ)

23. 坐 (zuò)

24. 电脑 (diànnǎo)

25. 好 (hǎo)

第 2 部分

第 26-30 题

A

B

C

D

E

F

例如： Wǒ hěn xǐhuan zhè běn shū.
我 很 喜欢 这 本 书。　　　　E

26. Qǐng zài zhèr xiě míngzi.
请 在 这儿 写 名字。

27. Wǒ kāi chē qù xuéxiào le, zàijiàn.
我 开 车 去 学校 了， 再见。

28. Zhèxiē xiǎo gǒu dōu shì nǐ de?
这些 小 狗 都 是 你 的？

29. Wǒ mǎi le xiē shuǐguǒ, zài zhuōzi shang.
我 买 了 些 水果， 在 桌子 上。

30. Yí kuài qián? Duìbuqǐ, wǒ méiyǒu.
一 块 钱？ 对不起， 我 没有。

第 3 部分

第 31-35 题

例如： Nǐ hē shuǐ ma?
你 喝 水 吗 ？ [F] A Xuéxí Hànyǔ. 学习 汉语。

31. Nǐ hé shéi dǎ diànhuà ne?
你 和 谁 打 电话 呢 ？ [ ] B 67 ge. 个。

32. Tā qù Běijīng zuò shénme?
她 去 北京 做 什么 ？ [ ] C Hěn rè. 很 热。

33. Nǐmen yīyuàn yǒu duōshao yīshēng?
你们 医院 有 多少 医生 ？ [ ] D Zuò chūzūchē. 坐 出租车。

34. Nàr tiānqì zěnmeyàng?
那儿 天气 怎么样 ？ [ ] E Wǒ de xuésheng. 我 的 学生。

35. Nǐ zuótiān shì zěnme huí jiā de?
你 昨天 是 怎么 回 家 的 ？ [ ] F Hǎode, xièxie! 好的，谢谢 ！

第 4 部分

第 36-40 题

A 做　　B 哪　　C 个　　D 名字　　E 本　　F 中国

例如：你 叫 什么（ D ）？

36. 中午 不（　　）饭 了，我们 去 饭馆儿 吃。

37. 老师，这（　　）字 我 不 会 读。

38. 钱 小姐 说，她 明天 上午 回（　　）。

39. 女：你 是（　　）年 来 这儿 的？

　　男：2003 年。

40. 男：这儿 没有 那（　　）书。

　　女：没关系，我们 去 前面 那 家 看 一下。

1級第3回

問題

聴力試験 ……… P.42 ~ P.45
　　　　　　　disk1 track 13~18

読解試験 ……… P.46 ~ P.49

第3回　1 听　力

第1部分

第 1-5 题

例如：

1.

2.

3.

4.

5.

第 2 部分

第 6-10 题

例如：

A ✓　　B　　C

6.　A　B　C

7.　A　B　C

8.　A　B　C

9.　A　B　C

10.　A　B　C

第 3 回

第 3 部分

第 11-15 题

A

B

C

D

E

F

例如： 女：Nǐ hǎo! 你好！

男：Nǐ hǎo! Hěn gāoxìng rènshi nǐ. 你好！很高兴认识你。　C

11.
12.
13.
14.
15.

第 4 部分

第 16-20 题

例如：
Xiàwǔ wǒ qù shāngdiàn, wǒ xiǎng mǎi yìxiē shuǐguǒ.
下午 我 去 商店，我 想 买 一些 水果。

问：Tā xiàwǔ qù nǎlǐ?
他 下午 去 哪里？

A shāngdiàn 商店 ✓   B yīyuàn 医院   C xuéxiào 学校

16. A tā lǎoshī 他 老师   B tā tóngxué 他 同学   C tā de xuésheng 他 的 学生

17. A xīngqī'èr 星期二   B xīngqīsì 星期四   C xīngqīrì 星期日

18. A māo 猫   B diànshì 电视   C diànnǎo 电脑

19. A jīchǎng 机场   B fànguǎnr 饭馆儿   C huǒchēzhàn 火车站

20. A hěn rè 很 热   B xiàyǔ le 下雨 了   C tài lěng le 太 冷 了

第 3 回

45

第3回

2 阅 读

第1部分

第 21-25 题

例如:

电视（diànshì） ✗

飞机（fēijī） ✓

21. 读（dú）

22. 电话（diànhuà）

23. 茶（chá）

24. 三（sān）

25. 那儿（nàr）

46

第 2 部分

第 26-30 题

A

B

C

D

E

F

例如： Wǒ hěn xǐhuan zhè běn shū.
　　　 我 很 喜欢 这 本 书。　　　　　　E

26. Érzi méi xuéxí, zài kàn diànshì ne.
    儿子 没 学习，在 看 电视 呢。

27. Zhè lǐmiàn shì shénme dōngxi?
    这 里面 是 什么 东西？

28. Wǒ hé māma dōu ài chī mǐfàn.
    我 和 妈妈 都 爱 吃 米饭。

29. Nǐ shuō shénme? Wǒ tīngbújiàn.
    你 说 什么？ 我 听不见。

30. Xiànzài wǒmen fēnzhōng hòu jiàn.
    现在 8∶06，我们 20 分钟 后 见。

第 3 部分

第 31-35 题

例如： Nǐ hē shuǐ ma? 你 喝 水 吗 ？   F   A Wǒ bàba. 我 爸爸。

31. Nǐ xiànzài zhù nǎr? 你 现在 住 哪儿 ？   □   B Shàng ge yuè. 上 个 月。

32. Tā shénme shíhou qù Zhōngguó de? 她 什么 时候 去 中国 的 ？   □   C Kāi chē. 开 车。

33. Shuōhuà de nàge rén shì shéi? 说话 的 那个 人 是 谁 ？   □   D Bù, hěn xiǎo. 不，很 小。

34. Nǐ zěnme qù xuéxiào? 你 怎么 去 学校 ？   □   E Péngyou jiā li. 朋友 家 里。

35. Zuótiān de yǔ dà ma? 昨天 的 雨 大 吗 ？   □   F Hǎode, xièxie! 好的，谢谢 ！

第 4 部分

第 36-40 题

A 少   B 打   C 会   D 名字   E 很   F 椅子

例如：你 叫 什么（ D ）？

36. 我们 认识（　　）多 年 了。

37. 小姐，这里 不 能（　　）电话。

38. 坐 后面，后面 人（　　）一点儿。

39. 女：我 的 汉语 书 呢？

　　男：在 那儿，在（　　）上。

40. 男：谢谢 你，我（　　）写 这个 字 了。

　　女：不客气。

1級第4回

問題

聴力試験・・・・・・・・・・ P.52 ~ P.55
　　　　　　　　　disk1 track 19~24
読解試験・・・・・・・・・・ P.56 ~ P.59

第4回　1 听　力

第1部分

第 1-5 题

例如： ✓

×

1.

2.

3.

4.

5.

第 2 部分

第 6-10 题

例如：　A ✓　　B　　C

6.　A　B　C

7.　A　B　C

8.　A　B　C

9.　A　B　C

10.　A　B　C

第 3 部分

第 11-15 题

A

B

C

D

E

F

例如： 女：你好！
Nǐ hǎo!

男：你好！很高兴认识你。
Nǐ hǎo! Hěn gāoxìng rènshi nǐ.   C

11.

12.

13.

14.

15.

第 4 部分

第 16-20 题

例如： Xiàwǔ wǒ qù shāngdiàn, wǒ xiǎng mǎi yìxiē shuǐguǒ.
下午 我 去 商店，我 想 买 一些 水果。

问：Tā xiàwǔ qù nǎlǐ?
他 下午 去 哪里？

A shāngdiàn 商店 ✓   B yīyuàn 医院   C xuéxiào 学校

16. A tiānqì hǎo 天气 好   B néng zuò fàn 能 做 饭   C rén bù duō 人 不 多

17. A 12：00   B 13：00   C 17：00

18. A jiā li 家 里   B fàguǎnr 饭馆儿   C diànyǐngyuàn 电影院

19. A érzi de 儿子 的   B nǚ'ér de 女儿 的   C tóngxué de 同学 的

20. A kāi chē 开 车   B zuò huǒchē 坐 火车   C zuò chūzūchē 坐 出租车

第 4 回

2 阅读

第 1 部分

第 21-25 题

例如:

电视 (diànshì) ✗

飞机 (fēijī) ✓

21. 写 (xiě)

22. 学习 (xuéxí)

23. 他 (tā)

24. 医生 (yīshēng)

25. 米饭 (mǐfàn)

第 2 部分

第 26-30 题

A

B

C

D

E

F

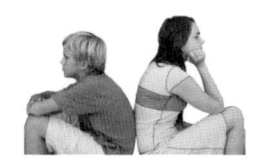

例如： Wǒ hěn xǐhuan zhè běn shū.
我 很 喜欢 这 本 书。 E

26. Nǐ kàn, Zhōngguó zài zhèr.
你 看, 中国 在 这儿。

27. Tiān lěng le, duō hē diǎnr rè shuǐ.
天 冷 了, 多 喝 点儿 热 水。

28. Xiānsheng, lǐmiàn qǐng.
先生, 里面 请。

29. Tāmen zěnme bù shuōhuà?
他们 怎么 不 说话?

30. Wǒ jīntiān mǎile hěn duō nǐ ài chī de cài.
我 今天 买了 很 多 你 爱 吃 的 菜。

第 3 部分

第 31-35 题

例如： Nǐ hē shuǐ ma?
你 喝 水 吗 ？ | F | A Hěn piàoliang.
很 漂亮。

31. Nà shì shéi de diànnǎo?
那 是 谁 的 电脑 ？ | | B Míngtiān xiàwǔ.
明天 下午。

32. Bàba shuìjiàole ma?
爸爸 睡觉了 吗 ？ | | C Wǒ péngyou de.
我 朋友 的。

33. Xuéshengmen shénme shíhou huílai?
学生们 什么 时候 回来 ？ | | D Méiyǒu.
没有。

34. Zhège bēizi zěnmeyàng?
这个 杯子 怎么样 ？ | | E Zài zhuōzi shang.
在 桌子 上。

35. Zuótiān mǎi de píngguǒ ne?
昨天 买 的 苹果 呢 ？ | | F Hǎode, xièxie!
好的，谢谢 ！

第 4 部分

第 36-40 题

A 的　B 怎么样　C 月　D 名字　E 住　F 东西

例如：你 叫 什么（ D ）？

36. 我 今年 8（　　）去 北京 工作。

37. 你 现在（　　）在 学校 里？

38. 我 上午 看见 你 妈妈 了，她 在 商店 买（　　）。

39. 女：你 认识 他 吗？
　　男：认识，他 是 我（　　）汉语 老师。

40. 男：星期日 去 看 电影（　　）？
　　女：好。

1級第5回 問題

聴力試験・・・・・・・・・・ P.62 ~ P.65
disk1 track 25~30

読解試験・・・・・・・・・・ P.66 ~ P.69

第5回　1 听 力

第1部分

第1-5题

例如：

✓

×

1.

2.

3.

4.

5.

第 2 部分

第 6-10 题

例如：

A ✓   B   C

6. A   B   C

7. A   B   C

8. A   B   C

9. A   B   C

10. A   B   C

第 5 回

第 3 部分

第 11-15 题

A

B

C

D

E

F

例如： 女：你好！

男：你好！很高兴认识你。 C

11.

12.

13.

14.

15.

第 4 部分

第 16-20 题

例如：
Xiàwǔ wǒ qù shāngdiàn, wǒ xiǎng mǎi yìxiē shuǐguǒ.
下午 我 去 商店，我 想 买 一些 水果。

问：Tā xiàwǔ qù nǎlǐ?
他 下午 去 哪里？

A shāngdiàn 商店 ✓   B yīyuàn 医院   C xuéxiào 学校

16. A míngtiān 明天   B xià xīngqīrì 下 星期日   C míngnián 3 yuè 明年 3 月

17. A hěn lěng 很 冷   B zài xiàyǔ 在 下雨   C yǒu diǎnr rè 有 点儿 热

18. A lǎoshī 老师   B péngyou 朋友   C nǚ'ér 女儿

19. A 4 suì 岁   B 7 suì 岁   C 9 suì 岁

20. A Běijīng 北京   B fànguǎnr 饭馆儿   C huǒchēzhàn 火车站

第5回 2 阅 读

第1部分

第21-25题

例如：

diànshì
电视 ✗

fēijī
飞机 ✓

21. shuǐ
水

22. rè
热

23. xuésheng
学生

24. chī
吃

25. shuìjiào
睡觉

第 2 部分

第 26-30 题

A

B

C

D

E

F

例如： Wǒ hěn xǐhuan zhè běn shū.
我 很 喜欢 这 本 书。 E

26. Tā zěnme bù shuōhuà? Bù gāoxìng le?
他 怎么 不 说话？ 不 高兴 了？

27. Nà bú shì wǒ de māo, shì wǒ péngyou de.
那 不 是 我 的 猫，是 我 朋友 的。

28. Yǔ zhème dà, wǒmen zěnme huí jiā?
雨 这么 大，我们 怎么 回 家？

29. Hé bàba shuō zàijiàn.
和 爸爸 说 再见。

30. Tā shàngwǔ qù shāngdiàn mǎile hěn duō dōngxi.
她 上午 去 商店 买了 很 多 东西。

第 5 回

第 **3** 部分

第 31-35 题

例如： Nǐ hē shuǐ ma?
你 喝 水 吗？   [F]   A Bú rènshi.
不 认识。

31. Zhōngwǔ xiǎng chī shénme?
中午 想 吃 什么？   [ ]   B 12 diǎn.
12 点。

32. Qiánmiàn nàge rén shì shéi?
前面 那个 人 是 谁？   [ ]   C Mǐfàn.
米饭。

33. Nǐ kànjiàn wǒ de gǒu le ma?
你 看见 我 的 狗 了 吗？   [ ]   D Wǒ hěn xǐhuan.
我 很 喜欢。

34. Nǐ xiànzài de gōngzuò zěnmeyàng?
你 现在 的 工作 怎么样？   [ ]   E Zài nàr.
在 那儿。

35. Nǐ zuótiān shénme shíhou shuì de?
你 昨天 什么 时候 睡 的？   [ ]   F Hǎode, xièxie!
好的，谢谢！

第 4 部分

第 36-40 题

A 学习 (xuéxí)　B 今天 (jīntiān)　C 小 (xiǎo)　D 名字 (míngzi)　E 都 (dōu)　F 坐 (zuò)

例如：你叫什么（ D ）？

36. 对不起 (Duìbuqǐ)，高医生 (Gāo yīshēng)（　）不能来医院了 (bù néng lái yīyuàn le)。

37. 我和我先生 (Wǒ hé wǒ xiānsheng)（　）爱看电影 (ài kàn diànyǐng)。

38. 他想去中国 (Tā xiǎng qù Zhōngguó)（　）汉语 (Hànyǔ)。

39. 女：后面有椅子，你 (Hòumiàn yǒu yǐzi, nǐ)（　）吗 (ma)？

　　男：不了，谢谢，在后面听不见 (Bù le, xièxie, zài hòumiàn tīngbujiàn)。

40. 男：这个电视太 (Zhège diànshì tài)（　）了 (le)。

　　女：这个呢 (Zhège ne)？

1級 第1回
解答・解説

正解一覧

1. 听力

第1部分	1. ×	2. ✓	3. ×	4. ✓	5. ×
第2部分	6. B	7. A	8. C	9. C	10. C
第3部分	11. F	12. D	13. A	14. B	15. E
第4部分	16. A	17. B	18. A	19. C	20. B

2. 阅读

第1部分	21. ✓	22. ×	23. ✓	24. ×	25. ✓
第2部分	26. B	27. F	28. D	29. C	30. A
第3部分	31. D	32. E	33. A	34. C	35. B
第4部分	36. E	37. F	38. C	39. B	40. A

聴力試験・・・P.72〜P.77
読解試験・・・P.78〜P.81
例題の解答はP14〜P17で紹介しています。

第1回

1 听力

第1部分 問題 p.22

1 正解 ✗

> スクリプト
> xiě zì
> 写 字

> スクリプト和訳
> 字を書く

2 正解 ✓

> スクリプト
> sān kuàir
> 三 块儿

> スクリプト和訳
> かたまり3つ

3 正解 ✗

> スクリプト
> shí'èr diǎn sìshiwǔ
> 十二 点 四十五

> スクリプト和訳
> 12時45分

4 正解 ✓

> スクリプト
> bù xiǎng kàn
> 不 想 看

> スクリプト和訳
> 見たくない

5 正解 ✗

> スクリプト
> zài fànguǎnr
> 在 饭馆儿

> スクリプト和訳
> レストランで

第2部分　問題 p.23

6　正解 B

スクリプト
Wǒ péngyou shì yīshēng.
我 朋友 是 医生。

スクリプト和訳
私の友達は医者です。

7　正解 A

スクリプト
Diànnǎo zěnme le?
电脑 怎么 了？

スクリプト和訳
パソコンどうしたの？

8　正解 C

スクリプト
Wǒ xiànzài qù chīfàn, zài jiàn.
我 现在 去 吃饭，再 见。

スクリプト和訳
私は今ご飯を食べに行きます。さようなら。

9　正解 C

スクリプト
Nǐ de māo zài shàngmian.
你 的 猫 在 上面。

スクリプト和訳
あなたの猫は上にいます。

10　正解 C

スクリプト
Dǎ diànhuà de nà ge rén nǐ rènshi ma?
打 电话 的 那 个 人 你 认识 吗？

スクリプト和訳
電話をかけているあの人、あなたは知っていますか？

第3部分 問題 p.24

11　正解 F

スクリプト

男：Néng tīngjiàn wǒ shuō huà ma?
　　能 听见 我 说 话 吗？
女：Nǐ shuō shénme?
　　你 说 什么？

スクリプト和訳

男：私が話すのが聞こえますか？
女：あなたは何を言っているのですか？

12　正解 D

スクリプト

女：Tài piàoliang le, xièxie nǐ.
　　太 漂亮 了，谢谢 你。
男：Bú kèqi.
　　不 客气。

スクリプト和訳

女：すごく美しいです。ありがとうございます。
男：どういたしまして。

13　正解 A

スクリプト

男：Nǐ xǐhuan chī shénme shuǐguǒ?
　　你 喜欢 吃 什么 水果？
女：Wǒ ài chī píngguǒ.
　　我 爱 吃 苹果。

スクリプト和訳

男：あなたはどんな果物を食べるのが好きですか？
女：私はリンゴを食べるのが好きです。

14 正解 B

> **スクリプト**
>
> 女：你 今天 去 北京？
> 　　Nǐ jīntiān qù Běijīng?
> 男：是，今天 下午 去 北京。
> 　　Shì, jīntiān xiàwǔ qù Běijīng.
>
> **スクリプト和訳**
>
> 女：あなたは今日北京に行くのですか？
> 男：ええ、今日の午後北京に行きます。

15 正解 E

> **スクリプト**
>
> 男：你 在 做 什么？
> 　　Nǐ zài zuò shénme?
> 女：我 在 学习 做 中国 菜。
> 　　Wǒ zài xuéxí zuò Zhōngguó cài.
>
> **スクリプト和訳**
>
> 男：あなたは何をしているのですか？
> 女：私は中華料理を作るのを学んでいるところです。

第4部分 問題 p.25

16 正解 A

スクリプト

Jīntiān tài rè le, nǐ duō hē diǎnr shuǐ.
今天 太 热 了，你 多 喝 点儿 水。

Jīntiān tiānqì zěnmeyàng?
问：今天 天气 怎么样 ？

スクリプト和訳

今日は暑すぎます。少し多めに水を飲んでください。
問題：今日の気候はどうですか？

選択肢和訳　A　暑い　　B　寒い　　C　雨が降った

17 正解 B

スクリプト

Wǒ zhù liù líng qī, Qián xiānsheng zhù liù líng bā.
我 住 六 零 七，钱 先生 住 六 零 八。

Shéi zhùzài liù líng bā?
问：谁 住在 六 零 八 ？

スクリプト和訳

私は607号室に住んでいます。銭さんは608号室に住んでいます。
問題：誰が608号室に住んでいるのですか？

選択肢和訳　A　銭さん（若い女性）　　B　銭さん（男性）　　C　李先生

18 正解 A

スクリプト

Méi guānxi, wǒmen míngtiān kāichē qù nàr.
没 关系, 我们 明天 开车 去 那儿。
　　　　Tāmen míngtiān zěnme qù nàr?
问：他们 明天 怎么 去 那儿？

スクリプト和訳

大丈夫です。私たちは明日車で（車を運転して）そこに行きます。
問題：彼らは明日どうやってそこに行きますか？

選択肢和訳 A 車を運転する　　B 列車に乗る　　C 飛行機に乗る

19 正解 C

スクリプト

Bàba méi shuìjiào, kàn diànshì ne.
爸爸 没 睡觉, 看 电视 呢。
　　Bàba zài zuò shénme?
问：爸爸 在 做 什么？

スクリプト和訳

お父さんは寝ていません。テレビを見ています。
問題：お父さんは何をしていますか？

選択肢和訳 A お茶を飲む　　B 読書する　　C テレビを見る

20 正解 B

スクリプト

Zhè xiē bēizi dōu shì wǒ zuótiān mǎi de.
这 些 杯子 都 是 我 昨天 买 的。
　　Bēizi shì nǎtiān mǎi de?
问：杯子 是 哪天 买 的？

スクリプト和訳

これらのコップはすべて私が昨日買ったのです。
問題：コップはいつ買ったのですか？

選択肢和訳 A おととい　　B 昨日　　C 今日の午前中

第1回

77

2 阅读

第1部分 問題 p.26

21 正解 ✓

（問題文和訳）飲む

> （解説）"喝"は「飲む」。この字で「飲む」という意味は想像しにくいのでよく覚えておこう。

22 正解 ✗

（問題文和訳）椅子

> （解説）画像の「自転車」は中国語では"自行车（zìxíngchē）"という。

23 正解 ✓

（問題文和訳）服

> （解説）中国語1文字の単語（特に名詞）は同音異義を避けるために、2音節になる場合が多い。服のことも"服（fú）"とは言わず"衣服"という。

24 正解 ✗

（問題文和訳）おしゃべりする

> （解説）画像の「寝る」は中国語では"睡觉（shuìjiào）"という。

25 正解 ✓

（問題文和訳）犬

> （解説）犬のことは中国語で"狗"というので注意。"犬（quǎn）"は単独では使わない。

第2部分　問題 p.27

26　正解 B

問題文和訳　ここに名前を書いてください。

解説　"名字"は「名前」という意味。"写"は「写す」ではなく「書く」という意味なので注意。ペンを持って書くしぐさをしているのはBだけなのでBが正解。

27　正解 F

問題文和訳　彼女たちはたくさんの物を買いました。

解説　"东西"は"西"を第一声で発音すれば「東西」、軽声で発音すれば「物」という意味。"买东西"で「物を買う、買い物をする、ショッピングをする」という意味になる。買い物袋をたくさん持っているFが正解。

28　正解 D

問題文和訳　私はお米のご飯を食べるのが好きです。

解説　"爱"は「愛する、好きだ」という意味で"喜欢(xǐhuan)"とほぼ同義。「〜するのが好きだ」と言いたい時"喜欢"を使う例しか知らない人も多いと思うが、"爱"でも同じことが言えるので覚えておこう。

29　正解 C

問題文和訳　見えましたか？あそこです。前方ですよ。

解説　"看见"は「見える」。"在"は「〜にある、〜にいる」。あるものの場所を一緒にいる人に教えている状況だと読み取れるので、指を差しているCが正解。

30　正解 A

問題文和訳　もしもし、小月、私は15分後に帰ります。

解説　"喂(wèi)"は「もしもし」という電話での呼びかけの言葉。"回"は「帰る」という意味で、方向補語の"去"がつくと「帰っていく」という意味になる。「もしもし」と呼びかけて「帰っていく」と宣言していることを考えると、電話をしている状況と分かるので、Aが正解。"喂(wèi)"は相手に呼びかける時の言葉だが（直接呼びかける時にはやや丁寧さを欠くニュアンスを持つ）、電話での「もしもし」にあたる時には「喂(wèi)」と第二声に発音されることが多い。

第3部分　問題 p.28

選択肢和訳
A　タクシーに乗ります。　　B　次の日曜日。　　C　小さすぎる。
D　私です。　　E　9歳です。　　F　ええ。ありがとう！

31　正解 D

問題文和訳 あなたたち（のうち）誰が車の運転ができますか？

解説 ここの問題では、疑問代詞をしっかり見極めなければならない。31は"谁"（誰）が使われているので、答えは人を表す言葉を選ぶ。選択肢の中ではDだけが人を表す言葉なので、Dが正解。

32　正解 E

問題文和訳 彼の娘は今年何歳ですか？

解説 "多+形容詞"で「どのくらい〜か」という意味を表す疑問代詞になる。ここでは"多大（どのくらい大きいか）"という言葉が見えるが、これは年齢を尋ねる際によく使う疑問代詞なので、正解は年齢を答えているE。

33　正解 A

問題文和訳 あなたは午後どうやって駅に行きますか？

解説 "怎么+動詞"で「どのように〜するか」というように方法を尋ねる言い方になる。"怎么去"は「どのように行くか」だが、道順ではなく方式（乗り物など）を尋ねる時に使う言い方なので、正解はA。（道順を尋ねる言い方は"怎么走(zěnme zǒu)"という。）

34　正解 C

問題文和訳 この机はいかがですか？

解説 "怎么样（どう）"は様子や状況を尋ねる疑問詞。ここでは"桌子（机）"の様子がどうなのかを尋ねているので、この中では「小さすぎる」と言っているCが正解。

35　正解 B

問題文和訳 お母さんはいつ帰ってきますか？

解説 "什么时候（いつ）"は時を尋ねる疑問詞。よって、時を表す言葉を使って答えているBが正解。

第4部分　問題 p.29

選択肢和訳
A　帰る　　B　クラスメート　　C　できる　　D　名前　　E　中国語　　F　どのくらい

36　正解 E

問題文和訳　あなたは私の［中国語の］本を見ましたか？

解説　カッコ内には"书（本）"を修飾する言葉が入ると考える。文法的にはE"汉语"とF"多少"が入りうるが、"多少"は疑問詞で文末の"吗"とかちあうのでEが正解。

37　正解 F

問題文和訳　あなたたちの学校は［どのくらい］の学生がいるのですか？

解説　"个"は量詞だが、量詞の前に入る成分として考えられるのは数詞、指示代詞"这、那、哪"、数量を尋ねる疑問代詞"几、多少"である。選択肢の中でそれに当てはまるのは、F"多少"しかない。

38　正解 C

問題文和訳　すみません。私は今日あなたと映画を見に行くことが［でき］なくなりました。

解説　カッコの後ろに"和你看电影（あなたと映画を見る）"という動詞句がある。動詞句の前に置かれるものとしては、副詞や助動詞などが考えられる。選択肢の中ではC"能"が助動詞なのでこれが最適。

39　正解 B

問題文和訳　女：あなたのあの［クラスメート］はどこで働いているのですか？
　　　　　　　男：病院です。

解説　"那个"の後ろに入るものは名詞なので、選択肢の中ではB"同学"、D"名字"、E"汉语"が残る。カッコの後ろ「どこで働いているか」という言葉の意味を考えると、カッコ内には人を表す言葉が入るはずなので、Bが正解。

40　正解 A

問題文和訳　男：息子は、お昼はご飯を食べに家に［戻ら］ないことにすると言いました。
　　　　　　　女：分かりました。では私たち少なめにおかずを作りましょう。

解説　カッコの前に"不"があり、カッコの後ろは名詞"家"なのでカッコには"家"を目的語として取ることのできる動詞が入ると思われる。そこでAが正解。

1級 第2回
解答・解説

聴力試験・・・P.84～P.89
読解試験・・・P.90～P.93
例題の解答は P14～P17 で紹介しています。

正解一覧

1. 听力

第1部分 1. ✓ 2. ✗ 3. ✓ 4. ✗ 5. ✗

第2部分 6. C 7. A 8. C 9. C 10. B

第3部分 11. A 12. E 13. B 14. D 15. F

第4部分 16. A 17. B 18. A 19. C 20. B

2. 阅读

第1部分 21. ✓ 22. ✗ 23. ✓ 24. ✗ 25. ✓

第2部分 26. F 27. A 28. D 29. C 30. B

第3部分 31. E 32. A 33. B 34. C 35. D

第4部分 36. A 37. C 38. F 39. B 40. E

第2回

1 听力

第1部分 問題 p.32

1 正解 ✓

スクリプト
hěn lěng
很 冷

スクリプト和訳
寒い

2 正解 ✗

スクリプト
bù xǐhuan
不 喜欢

スクリプト和訳
好きではない

3 正解 ✓

スクリプト
sì ge rén
四 个 人

スクリプト和訳
4人

4 正解 ✗

スクリプト
zài gōngzuò
在 工作

スクリプト和訳
働いている

5 正解 ✗

スクリプト
kàn diànshì
看 电视

スクリプト和訳
テレビを見る

第2部分　問題 p.33　CD1-9

6　正解 C

スクリプト
Xià yǔ le, xiànzài huíqù?
下 雨 了，现在 回去？

スクリプト和訳
雨が降ってきました。今帰りますか？

7　正解 A

スクリプト
Wǒ zài zhèr, kànjian le ma?
我 在 这儿，看见 了 吗？

スクリプト和訳
私はここにいます。見えましたか？

8　正解 C

スクリプト
Wǒ bù xiǎng tīng.
我 不 想 听。

スクリプト和訳
私は聞きたくありません。

9　正解 C

スクリプト
Wǒ érzi jīnnián sì suì.
我 儿子 今年 四 岁。

スクリプト和訳
私の息子は今年4歳です。

10　正解 B

スクリプト
Wǔ diǎn duō le, tā shí fēnzhōng hòu néng lái ma?
五 点 多 了，他 十 分钟 后 能 来 吗？

スクリプト和訳
5時過ぎになりました。彼は10分後には来られますか？

第2回

第3部分 問題 p.34

11 正解 A

スクリプト

男：多 吃 菜，少 吃 饭。
女：我 爱 吃 米饭。

スクリプト和訳

男：おかずをたくさん食べて、ご飯は少なめに食べなさい。
女：私はご飯を食べるのが好きなのです。

12 正解 E

スクリプト

女：你 什么 时候 来 我 家 看 小 猫？
男：星期日 怎么样？

スクリプト和訳

女：あなたはいつ私の家に子猫を見に来ますか？
男：日曜日はどうですか？

13 正解 B

スクリプト

男：喂，你 在 哪儿？
女：我 在 商店 买 东西。

スクリプト和訳

男：もしもし、あなたはどこにいますか？
女：私はお店で買い物をしています。

14 正解 D

スクリプト

女：Xièxie nǐ qǐng wǒ hē chá.
　　谢谢 你 请 我 喝 茶。

男：Bú kèqi.
　　不 客气。

スクリプト和訳

女：(私に) お茶をごちそうしてくださってありがとうございます。
男：いえいえ。

15 正解 F

スクリプト

男：Nǐ zěnme zhème gāoxìng?
　　你 怎么 这么 高兴 ？

女：Wǒ nǚ'ér huì shuōhuà le, huì jiào māma le.
　　我 女儿 会 说话 了，会 叫 妈妈 了。

スクリプト和訳

男：あなたはどうしてそんなに楽しそうなのですか？
女：私の娘が話せるようになったのです。ママと呼べるようになったのです。

第4部分　問題 p.35　CD① 11

16　正解 A

スクリプト

Shí'èr diǎn le, wǒ xiǎng shuìjiào le.
十二 点 了, 我 想 睡觉 了。
　　　　　Tā xiǎng zuò shénme?
问：他 想 做 什么？

スクリプト和訳

12時になりました。私は寝たくなりました。
問題：彼は何をしたいのですか？

選択肢和訳　A 寝る　　B 料理を作る　　C 字を書く

17　正解 B

スクリプト

Wǒ hé wǒ xiānsheng shì zài fēijī shang rènshi de.
我 和 我 先生 是 在 飞机 上 认识 的。
　　　　Tāmen shì zài nǎr rènshi de?
问：他们 是 在 哪儿 认识 的？

スクリプト和訳

私と私の夫は飛行機で知り合ったのです。
問題：彼らはどこで知り合いましたか？

選択肢和訳　A 駅　　B 飛行機の中　　C 映画館

18 正解 A

スクリプト

Zhè ge bēizi tài dà le.
这 个 杯子 太 大 了。

Nà ge bēizi zěnmeyàng?
问：那 个 杯子 怎么样 ？

スクリプト和訳

このコップは大きすぎます。
問題：そのコップはどうですか？

選択肢和訳 A 大きすぎる　　B 小さすぎる　　C 美しい

19 正解 C

スクリプト

Yǐzi shang de yīfu shì wǒ péngyou de.
椅子 上 的 衣服 是 我 朋友 的。

Yǐzi shang de yīfu shì shéi de?
问：椅子 上 的 衣服 是 谁 的 ？

スクリプト和訳

椅子の上の服は私の友達のものです。
問題：椅子の上の服は誰のものですか？

選択肢和訳 A　お父さんの　　B　同級生の　　C　友達の

20 正解 B

スクリプト

Wǒ zài zhèli zhù le bā ge yuè.
我 在 这里 住 了 八 个 月。

Tā zài zhèr zhù le jǐ ge yuè?
问：他 在 这儿 住 了 几 个 月 ？

スクリプト和訳

私はここに住んで8か月です。
問題：彼はここに住んで何か月ですか？

選択肢和訳 A　3か月　　B　8か月　　C　9か月

89

2 阅 读

> 第1部分　問題 p.36

21 正解 ✓

問題文和訳 5

> **解説** 漢数字は日本語と同じ字形なので問題はないが、中国では6〜10も片手のジェスチャーで表すことができるので、覚えておくことが望ましい。

22 正解 ✗

問題文和訳 リンゴ

> **解説** 画像の「スイカ」は中国語では"西瓜 (xīguā)"という。

23 正解 ✓

問題文和訳 座る

> **解説** "坐"は「(椅子に) 座る」の意味。

24 正解 ✗

問題文和訳 パソコン

> **解説** 画像の「卵 (鶏卵)」は中国語では"鸡蛋 (jīdàn)"という。

25 正解 ✓

問題文和訳 良い

> **解説** 親指を立てるジェスチャーは中国でも「良い、good」の意味。

第2部分 | 問題 p.37

26 正解 F

問題文和訳 ここに名前を書いてください。

解説 "名字"は「名前」という意味。"写"は「写す」ではなく「書く」という意味なので注意。何かの用紙の一部を指差し、記入する位置を指し示しているようなFが正解。

27 正解 A

問題文和訳 私は車を運転して学校に行きます。さようなら。

解説 "开车"は「車を運転する」という意味。車に乗っている女性が写っているAが正解。

28 正解 D

問題文和訳 これらの子犬はみんなあなたのですか？

解説 "些"は複数を表す量詞、"狗"は「犬」のことなので、複数の犬が写っているDが正解。

29 正解 C

問題文和訳 私はいくつか果物を買いました。机の上にあります。

解説 "水果"は「果物」、"桌子"は「机」のこと。よって、机の上に果物がのっているCが正解。

30 正解 B

問題文和訳 1元ですか？すみません。私はありません（持っていません）。

解説 "块"は話し言葉では中国の通貨単位 "元 (yuán)" の代わりに使われる。お金に関することなので、財布を見せているBが正解。

第3部分　問題 p.38

選択肢和訳
A 中国語を勉強する。　　B 67人です。　　C 暑いです。
D タクシーに乗ります。　E 私の学生です。　F ええ。ありがとう！

31　正解 E

問題文和訳　あなたは誰と電話しているのですか？

解説　ここの問題は疑問代詞をしっかりとらえることが必要。31番は"谁（誰）"だが、その前に"和（〜と）"という介詞があるので「誰と」と尋ねている。人を答えているのはEだけなので、Eが正解。

32　正解 A

問題文和訳　彼女は何をしに北京に行くのですか？

解説　"做什么（何をする）"と尋ねられているので、動詞（＋目的語）のように答えているものを探す。AとDがヒットするが、もしDなら「タクシーに乗りに北京に行く」ということになり、不自然なのでAが正解。

33　正解 B

問題文和訳　あなたたちの病院にはどのくらいの医者がいますか？

解説　"多少"という疑問代詞が見える。これは数量を尋ねるのに用いられるので、数字を答えているBが正解。

34　正解 C

問題文和訳　そこの天気はどうですか？

解説　"怎么样（どう）"は様子や状況を尋ねる疑問代詞。ここは"天气"の様子を尋ねているわけだが、"天气"は日本語の「天気」よりも意味が広く、気温も含まれる。選択肢には「晴れ」「雨」といった天気に関する答えがないので、ここは気温について言っているC "很热"が正解。

35　正解 D

問題文和訳　あなたは昨日どうやって家に帰ったのですか？

解説　"怎么（どのように）"は動詞の直前に置いて方法を尋ねる。ここでは帰宅した方法を尋ねているので、Dが正解。

第4部分 問題 p.39

選択肢和訳
A 作る　　B どの　　C 个（量）　　D 名前　　E 本（量）　　F 中国

36　正解 A

問題文和訳 昼はご飯を［作ら］ないことにします。（私たち）レストランに行って食べましょう。

> **解説** カッコの直前に"不"という否定の言葉があり、カッコの後ろには名詞があるので、カッコ内は動詞が入ると思われる。選択肢の中で動詞はAしかないので、Aが正解。

37　正解 C

問題文和訳 先生、［この］字、私は読めません。

> **解説** "这、那、哪"という指示代詞が名詞と結び付く時、間に量詞を挟むのが普通。選択肢の中ではCとEが量詞だが"字"を数える量詞は"个"なのでCが正解。

38　正解 F

問題文和訳 銭さんは、明日の午前中に［中国］に帰ると言いました。

> **解説** カッコの前は"回"という動詞で、ここでは目的地を表す目的語が必要なので、Fが正解。

39　正解 B

問題文和訳 女：あなたは［いつの］年にここに来たのですか？
　　　　　　男：2003年です。

> **解説** 男性が年号を答えているので、ここは「何年？」と尋ねていると考える。そうすると"哪年"となるはずなので、Bが正解。

40　正解 E

問題文和訳 男：ここには［あの］本はありません。
　　　　　　女：構いません。（私たち）前方のあそこ（あの店）に行って見てみましょう。

> **解説** この問題は37番と同じで量詞が入る。"书"を数える量詞は"本"なのでEが正解。

1級 第3回
解答・解説

正解一覧

1. 听力

第1部分	1. ×	2. ×	3. ×	4. ✓	5. ✓
第2部分	6. A	7. A	8. C	9. B	10. C
第3部分	11. B	12. E	13. D	14. A	15. F
第4部分	16. B	17. A	18. C	19. B	20. C

2. 阅读

第1部分	21. ×	22. ✓	23. ×	24. ✓	25. ✓
第2部分	26. F	27. C	28. B	29. D	30. A
第3部分	31. E	32. B	33. A	34. C	35. D
第4部分	36. E	37. B	38. A	39. F	40. C

聴力試験・・・P.96～P.101
読解試験・・・P.102～P.105
例題の解答はP.14～P.17で紹介しています。

第3回

1 听力

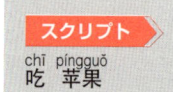

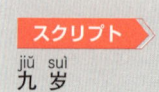

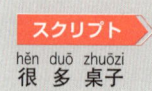

> 第1部分　問題 p.42　　CD1 14

1　正解 ✗

スクリプト	スクリプト和訳
chī píngguǒ 吃 苹果	リンゴを食べる

2　正解 ✗

スクリプト	スクリプト和訳
jiǔ suì 九 岁	9歳

3　正解 ✗

スクリプト	スクリプト和訳
hěn duō zhuōzi 很 多 桌子	たくさんの机

4　正解 ✓

スクリプト	スクリプト和訳
wǒ de gǒu 我 的 狗	私の犬

5　正解 ✓

スクリプト	スクリプト和訳
zài shuìjiào 在 睡觉	寝ている

第2部分　問題 p.43

6　正解 A

スクリプト
Qǐng zài zhèr xiě nǐ de míngzi.
请 在 这儿 写 你 的 名字。

スクリプト和訳
ここにあなたの名前を書いてください。

7　正解 A

スクリプト
Tā zài shāngdiàn mǎi yīfu.
她 在 商店 买 衣服。

スクリプト和訳
彼女はお店で服を買います。

8　正解 C

スクリプト
Bà, wǒ qù xuéxiào le, zài jiàn.
爸，我 去 学校 了，再 见。

スクリプト和訳
お父さん、私は学校に行きます。またね。

9　正解 B

スクリプト
Zhè ge bēizi shí kuài qián.
这 个 杯子 十 块 钱。

スクリプト和訳
このコップは10元です。

10　正解 C

スクリプト
Wǒmen zhōngwǔ zuò shénme cài?
我们 中午 做 什么 菜？

スクリプト和訳
私たちはお昼にどんな料理を作りましょうか。

第3部分　問題 p.44

11　正解 B

スクリプト

男：Xià yǔ le.
　　下 雨 了。
女：Méi guānxi, wǒ zuò chūzūchē huíqù.
　　没 关系, 我 坐 出租车 回去。

スクリプト和訳

男：雨が降ってきました。
女：かまいません。私はタクシーで帰ります。

12　正解 E

スクリプト

女：Nǐ hǎo, zhè běn shū duōshao qián?
　　你 好, 这 本 书 多少 钱？
男：Shíqī kuài.
　　十七 块。

スクリプト和訳

女：こんにちは。この本はいくらですか？
男：17元です。

13　正解 D

スクリプト

男：Wéi, míngtiān xiàwǔ qù kàn diànyǐng zěnmeyàng?
　　喂, 明天 下午 去 看 电影 怎么样？
女：Hǎo, jǐ diǎn qù?
　　好, 几 点 去？

スクリプト和訳

男：もしもし。明日午後映画を見に行きませんか？
女：いいですね。何時に行きますか？

14 正解 A

スクリプト

女：你女儿在哪儿工作？
　　Nǐ nǚ'ér zài nǎr gōngzuò?
男：医院，她是医生。
　　Yīyuàn, tā shì yīshēng.

スクリプト和訳

女：あなたの娘はどこで働いていますか？
男：病院です。彼女は医者なのです。

15 正解 F

スクリプト

男：这是我昨天买的车。
　　Zhè shì wǒ zuótiān mǎi de chē.
女：很漂亮。
　　Hěn piàoliang.

スクリプト和訳

男：これは私が昨日買った車です。
女：きれいですね。

第4部分 問題 p.45

16 正解 B

スクリプト

Mā, tā shì wǒ tóngxué, jiào Lǐ Míng.
妈，他 是 我 同学，叫 李 明。
　　　　Lǐ Míng shì shéi?
问：李 明 是 谁？

スクリプト和訳

お母さん、彼は私のクラスメートで、李明と言います。
問題：李明とは誰ですか？

選択肢和訳 A 彼の先生　　**B 彼のクラスメート**　　C 彼の学生

17 正解 A

スクリプト

Duìbuqǐ, Xiè xiānsheng qù Běijīng le, xià xīngqī'èr huílái.
对不起，谢 先生 去 北京 了，下 星期二 回来。
　　　　Xiè xiānsheng nǎtiān huílái?
问：谢 先生 哪天 回来？

スクリプト和訳

すみません。謝さんは北京に行ってしまいました。来週火曜日に戻ります。
問題：謝さんはいつ戻りますか？

選択肢和訳 **A 火曜日**　　B 木曜日　　C 日曜日

18 正解 C

スクリプト

Érzi shuō, tā xǐhuan nà ge diànnǎo.
儿子 说，他 喜欢 那 个 电脑。
　　　　Érzi xǐhuan shénme?
问：儿子 喜欢 什么 ？

スクリプト和訳

息子は、そのパソコンが好きだといいます。
問題：息子は何が好きなのですか？

選択肢和訳 A 猫　　B テレビ　　**C パソコン**

19 正解 B

スクリプト

Qiánmian yǒu jiā fànguǎnr, wǒmen qù nàr chī.
前面 有 家 饭馆儿，我们 去 那儿 吃。
　　　Tāmen xiǎng qù nǎr?
问：他们 想 去 哪儿 ？

スクリプト和訳

前方にレストランがあります。私たちそこに行って食べましょう。
問題：彼らはどこに行きたいと思っていますか？

選択肢和訳 A 空港　　**B レストラン**　　C 駅

20 正解 C

スクリプト

Jīntiān tài lěng le, wǒ bù xiǎng qù.
今天 太 冷 了，我 不 想 去。
　　Tiānqì zěnmeyàng?
问：天气 怎么样 ？

スクリプト和訳

今日はあまりに寒いので、私は行きたくないです。
問題：気候はどうですか？

選択肢和訳 A 暑い　　B 雨が降ってきた　　**C 寒すぎる**

2 阅 读

第**1**部分　問題 p.46

21　正解 ✗

問題文和訳　読む

解説　画像の「聞く」は"听(tīng)"という。

22　正解 ✓

問題文和訳　電話

解説　簡体字をよく覚えておこう。"话"は「活」ではなく「話」なので注意。

23　正解 ✗

問題文和訳　お茶

解説　画像の「バナナ」は"香蕉(xiāngjiāo)"という。

24　正解 ✓

問題文和訳　3

解説　落ち着いて人数を数えよう。

25　正解 ✓

問題文和訳　あそこ

解説　"那儿"は遠くの場所を指す指示代詞。

第2部分　問題 p.47

26　正解 F

問題文和訳　息子は勉強していません。テレビを見ています。

解説　"没（有）"で動詞を否定するのは、完了の否定（〜まだしていない、〜しなかった）、進行の否定（〜しているところではない）の場合がある。ここでは後半の文が"在〜呢"という進行の文（テレビを見ている）なので、前半は進行の否定と考える。

27　正解 C

問題文和訳　この中はどんな物ですか？

解説　"里"は「さと」という意味ではなく「中」「内側」という意味なので注意。つまりある物の中身が何かを尋ねているのでCが正解。

28　正解 B

問題文和訳　私とお母さんはいずれもお米のご飯を食べるのが好きです。

解説　いわゆる「白いご飯」「お米のご飯」は"米饭"という。

29　正解 D

問題文和訳　何と言いましたか？（私は）聞こえないのですが。

解説　"听不见"は可能補語の否定形になっている。音が耳に入ってこないというような意味を表す。

30　正解 A

問題文和訳　今8時6分です。（私たち）20分後に会いましょう。

解説　時間の言い方をよく確認しておこう。「〜時」は"〜点"、「〜分」は"〜分"、「〜分間」は"〜分钟"。

第3部分 問題 p.48

選択肢和訳
A 私のお父さんです。　　B 先月です。　　C 車を運転してです。
D いいえ、小さいです。　E 友達の家の中です。　F ええ、ありがとう！

31 正解 E

問題文和訳 あなたは今どこに住んでいますか？

解説 日本の中国語テキストでは「どこに住んでいますか？」という場合 "你住在哪儿？" と "在" が入っていることが多いが、実際にはこの "在" は省略されることも多い。場所を尋ねる疑問代詞 "哪儿（どこ）" を使っているので、場所を答えているEが正解。

32 正解 B

問題文和訳 彼女はいつ中国に行ったのですか？

解説 時を尋ねる疑問代詞 "什么时候（いつ）" を使っているので、時を答えているBが正解。文末に "的" があるので、この文は "是〜的" の強調構文の "是" が省略された状態と言える。この強調構文は必ず過去のことを言う構文なので、もし選択肢に未来の時点を答えるものがあったとしたら、それを選ばないように注意。（今回は幸いにもひっかけるような選択肢はない。）

33 正解 A

問題文和訳 話をしているあの人は誰ですか？

解説 人を尋ねる疑問代詞 "谁（誰）" を使っているので、人を答えているAが正解。

34 正解 C

問題文和訳 あなたはどうやって学校に行きますか？

解説 方法を尋ねる疑問代詞 "怎么（どのように）" を使っている。"怎么去" とは「どうやって行くのか」という意味だが、道順ではなく乗り物などを尋ねている。そこで正解はC。（道順を尋ねたい場合は "怎么走" と言う。）

35 正解 D

問題文和訳 昨日の雨はすごかったですか？

解説 ここの問題は疑問代詞を使った疑問文が出題されることが多いが、ここは "吗" を使ったyes-no疑問文である。"大吗？" と尋ねられているので、それに即した答えを選べばよい。よって正解はD。

104

第4部分　問題 p.49

選択肢和訳
A　少ない　　　B　（電話を）かける　　　C　できる
D　名前　　　　E　とても　　　　　　　　F　いす

36　正解 E

問題文和訳　私たちは知り合って［何年にも］なる。

解説　形容詞"多"の前にカッコがあるので、形容詞を修飾する副詞がカッコに入る可能性が高い。選択肢のEが形容詞を修飾する副詞なので、Eが正解。

37　正解 B

問題文和訳　お嬢さん、ここは電話を［かけて］はいけませんよ。

解説　「電話をかける」という時、中国語では"打"という動詞を使うことをよく覚えておこう。

38　正解 A

問題文和訳　後ろに座ってください。後ろは人が少し［少ない］ですから。

解説　形容詞や動詞の度合いについて「少し〜」と言いたい場合"一点儿"を形容詞や動詞の後ろに置く。よってカッコの中には形容詞か動詞が入る。選択肢ではA、B、Cが入りうるが、意味的に考えるとAが正解。

39　正解 F

問題文和訳　女：私の中国語の本は？
　　　　　　　男：あそこにあります。［椅子］の上です。

解説　本の置いてある場所について"在〜上（〜の上にある）"と言っているので、本が置ける物を探す。品詞的には名詞が入りうる。選択肢ではDとFが名詞だが、本が置けるのはFの「椅子」なので、Fが正解。

40　正解 C

問題文和訳　男：ありがとうございます。私はこの字が書［ける］ようになりました。
　　　　　　　女：どういたしまして。

解説　"写"という動詞の前に置ける成分ということで、文法的には副詞や助動詞が考えられる。選択肢の中のCが助動詞で、意味的にも合うので、Cが正解。

1級 第4回
解答・解説

正解一覧

1. 听力

第1部分	1. ✗	2. ✗	3. ✗	4. ✓	5. ✓
第2部分	6. A	7. C	8. C	9. A	10. B
第3部分	11. D	12. A	13. E	14. B	15. F
第4部分	16. C	17. B	18. B	19. C	20. A

2. 阅读

第1部分	21. ✓	22. ✗	23. ✓	24. ✓	25. ✗
第2部分	26. C	27. A	28. B	29. F	30. D
第3部分	31. C	32. D	33. B	34. A	35. E
第4部分	36. C	37. E	38. F	39. A	40. B

聴力試験…P.108〜P.113
読解試験…P.114〜P.117

例題の解答はP14〜P17で紹介しています。

第4回

1 听力

第1部分　問題 p.52

1 正解 ✗

スクリプト
hē chá
喝 茶

スクリプト和訳
お茶を飲む

2 正解 ✗

スクリプト
zài xiàmian
在 下面

スクリプト和訳
下にある

3 正解 ✗

スクリプト
māo hé gǒu
猫 和 狗

スクリプト和訳
猫と犬

4 正解 ✓

スクリプト
hěn rè
很 热

スクリプト和訳
暑い

5 正解 ✓

スクリプト
sān ge yǐzi
三 个 椅子

スクリプト和訳
椅子3脚

第2部分　問題 p.53

6　正解 A

スクリプト
Duìbuqǐ, wǒ méi tīngjiàn.
对不起，我 没 听见。

スクリプト和訳
すみません。私は聞こえませんでした。

7　正解 C

スクリプト
Zhè xiē yīfu dōu tài dà le.
这 些 衣服 都 太 大 了。

スクリプト和訳
これらの服はどれも大きすぎます。

8　正解 C

スクリプト
Wáng xiānsheng zài dǎ diànhuà.
王 先生 在 打 电话。

スクリプト和訳
王さんは電話をかけています。

9　正解 A

スクリプト
Wǒ xiǎng shuìjiào le.
我 想 睡觉 了。

スクリプト和訳
私は寝たくなった。

10　正解 B

スクリプト
Xiànzài jiǔ diǎn líng wǔ, èrshí fēnzhōng hòu jiàn.
现在 九 点 零 五，二十 分钟 后 见。

スクリプト和訳
今9時5分です。20分後に会いましょう。

第3部分　問題 p.54

11　正解 D

スクリプト

男：Xiǎo péngyou, nǐ duōdà le?
　　小 朋友，你 多大 了？
女：Wǒ sì suì.
　　我 四 岁。

スクリプト和訳

男：お嬢ちゃん、いくつ？
女：私、4歳。

12　正解 A

スクリプト

女：Zhè ge zì nǐ huì dú ma?
　　这 个 字 你 会 读 吗？
男：Nǎ ge zì?
　　哪 个 字？

スクリプト和訳

女：この字はあなたは読めますか？
男：どの字ですか？

13　正解 E

スクリプト

男：Nǐmen qù nǎr?
　　你们 去 哪儿？
女：Qù huǒchēzhàn, zài jiàn.
　　去 火车站，再 见。

スクリプト和訳

男：あなたたちはどこに行くのですか？
女：駅に行きます。さようなら。

14 正解 B

スクリプト

女：我 这里 没 钱 了，你 有 多少？
　　Wǒ zhèli méi qián le, nǐ yǒu duōshao?
男：我 有 六十 块。
　　Wǒ yǒu liùshí kuài.

スクリプト和訳

女：私の方はお金がなくなりましたが、あなたはいくらありますか？
男：私は60元あります。

15 正解 F

スクリプト

男：谢谢 你们 来 看 我。
　　Xièxie nǐmen lái kàn wǒ.
女：不 客气。你 好 点儿 了 吗？
　　Bú kèqi. Nǐ hǎo diǎnr le ma?

スクリプト和訳

男：私をお見舞いに来てくれてありがとうございます。
女：いえいえ。良くなりましたか？

第4部分　問題 p.55　CD1-23

16　正解 C

スクリプト

没关系，前面 人 少，我 坐 那儿。
Méi guānxi, qiánmian rén shǎo, wǒ zuò nàr.
问：前面 怎么样？
Qiánmian zěnmeyàng?

スクリプト和訳

大丈夫です。前の方は人が少ないので、私はあそこに座ります。
問題：前はどんな様子ですか？

選択肢和訳　A　天気が良い　　B　ご飯を作れる　　**C　人が多くない**

17　正解 B

スクリプト

高 小姐 的 飞机 是 下午 一 点 的。
Gāo xiǎojiě de fēijī shì xiàwǔ yī diǎn de.
问：飞机 是 几 点 的？
Fēijī shì jǐ diǎn de?

スクリプト和訳

高さんの飛行機は午後1時のです。
問題：飛行機は何時のですか？

選択肢和訳　A　12時　　**B　13時**　　C　17時

18 正解 B

スクリプト

Wéi, wǒ zài fànguǎnr chī fàn ne.
喂，我 在 饭馆儿 吃 饭 呢。

　　　Tā xiànzài zài nǎr?
问：他 现在 在 哪儿？

スクリプト和訳

もしもし。私はレストランでご飯を食べています。
問題：彼は今どこにいますか？

選択肢和訳 A 家の中　　B レストラン　　C 映画館

19 正解 C

スクリプト

Zhè běn shū shì wǒ tóngxué de, shàngmian yǒu tā de míngzi.
这 本 书 是 我 同学 的， 上面 有 他 的 名字。

　　　Nà běn shū shì shéi de?
问：那 本 书 是 谁 的？

スクリプト和訳

この本は私のクラスメートのです。上に彼の名前があります。
問題：その本は誰のですか？

選択肢和訳 A 息子の　　B 娘の　　C クラスメートの

20 正解 A

スクリプト

Xià yǔ le, wǒmen kāi chē qù xuéxiào.
下 雨 了， 我们 开 车 去 学校。

　　　Tāmen zěnme qù xuéxiào?
问：他们 怎么 去 学校 ？

スクリプト和訳

雨が降ってきましたので、私たちは車を運転して学校に行きましょう。
問題：彼らはどうやって学校に行きますか？

選択肢和訳 A 車を運転して　　B 列車に乗って　　C タクシーに乗って

2 阅读

第1部分 問題 p.56

21 正解 ✓

（問題文和訳）書く

（解説）"写"は「写す」ではなく「書く」という意味なので注意。

22 正解 ✗

（問題文和訳）勉強する

（解説）画像の「居眠りする」は"打盹儿（dǎdǔnr）"という。

23 正解 ✓

（問題文和訳）彼

（解説）"他"は「ほか」という意味もあるが、単独で使うと3人称単数男性を指す人称代詞。

24 正解 ✓

（問題文和訳）医者

（解説）医者という意味を表す言葉として"医生"の他に"大夫（dàifu）"も覚えておこう。

25 正解 ✗

（問題文和訳）お米のご飯

（解説）画像の「卵（鶏卵）」は"鸡蛋（jīdàn）"という。

第2部分　問題 p.57

26 正解 C

問題文和訳 ほら、中国はここにあります。

解説 "中国" という国が「ここにある」と言っているところから、世界地図などを見ながら言っていると予想して選択肢を見ると、Cが地球儀を指差しているので、これが正解。

27 正解 A

問題文和訳 寒くなってきました。温かいお湯（飲み物）をたくさん飲んでください。

解説 中国語の "水" は広く飲み物一般のことを言っていることも多い。ここの "热水" も「温かい飲み物」くらいの意味として考えると、コーヒーカップを差し出しているAが正解。

28 正解 B

問題文和訳 もしもし、中へどうぞ。

解説 ここの "先生" は男性に呼び掛ける時の言葉。"里" は「中、内側」という意味なのでよく覚えておこう。

29 正解 F

問題文和訳 彼らはどうしてしゃべらないのですか？

解説 "怎么" はその直後に動詞があれば方法を尋ねる疑問代詞（どのように）だが、そうでない場合は理由や原因を尋ねる疑問代詞（なぜ、どうして）となる。ここでは "怎么" の直後は動詞ではなく "不" なので、「どうして話さないのか」という意味になる。

30 正解 D

問題文和訳 私は今日あなたの好きな食材をたくさん買いました。

解説 "很多" と "你爱吃的" はそれぞれ "菜" にかかる修飾語。修飾語を省くと「私は今日食材を買った」という単純な文になる。そこで、野菜の写っているDが正解。

第3部分　問題 p.58

選択肢和訳
A　美しいです。
B　明日の午後。
C　私の友達のです。
D　まだです。
E　机の上にあります。
F　ええ、ありがとう！

31　正解 C

問題文和訳 それは誰のパソコンですか？

解説 ここの問題は疑問代詞をしっかりとらえなければならない。31番は"谁的（誰の）"という疑問代詞が見える。選択肢の中から人を答えているものを探すとCが該当するのでCが正解。

32　正解 D

問題文和訳 お父さんは寝ましたか？

解説 32番は疑問代詞を使わず、"吗"を使ったyes-no疑問文。完了の"了(le)"を使っているので、肯定で答えるなら"睡觉了"、否定なら"不"ではなく"没（有）"を使う。よってDが正解。

33　正解 B

問題文和訳 学生たちはいつ帰ってきますか？

解説 33番は"什么时候（いつ）"という疑問代詞があるので時を答えたものを選ぶ。よってBが正解。ちなみにここの疑問文は未来のことについて「いつ？」と尋ねている。もし過去のことを尋ねるならば文末に"的"が必要。

34　正解 A

問題文和訳 このコップはどうですか？

解説 "怎么样（どう）"は様子や状況を尋ねる疑問代詞。ここではコップの様子について尋ねているようだ。"怎么样"の答えとしては形容詞で答えることが多いので、そうやって選択肢を見ると、Aがふさわしい。

35　正解 E

問題文和訳 昨日買ったリンゴは？

解説 文末に"呢(ne)"をつけて作る省略疑問文は、直前に言っていた話題について相手の状況はどうなのかを尋ねる場合に使われるが、ここではいきなり「昨日買ったリンゴは？」と尋ねている。こういう場合は場所を尋ねていることが多い。選択肢の中で場所を答えているのはEだけなので、これが正解。

第4部分 問題 p.59

選択肢和訳
A ～の　　B どうですか　　C 月　　D 名前　　E 住む　　F もの

36　正解 C

問題文和訳　私は今年8［月］に北京へ仕事しに行きます。

解説　時を表す言葉で数字の後に入るものと考えて選択肢を見ると、Cの「月」が適切と分かる。

37　正解 E

問題文和訳　あなたは今学校の中に［住ん］でいるのですか？

解説　"在"の前に来る成分としては副詞、助動詞、動詞などが考えられるが、選択肢を見るとE "住（住む）" というのがある。"住在～" で「～に住む」という意味になるので、これが正解。

38　正解 F

問題文和訳　私は午前中あなたのお母さんを見ました。彼女はお店で買い［物］をしていました。

解説　カッコの直前に "买（買う）" という動詞が見えるので、何か買えるものを選択肢の中から探す。

39　正解 A

問題文和訳　女：あなたは彼のことを知っていますか？
　　　　　　男：知っています。彼は私［の］中国語教師です。

解説　文脈から考えて、カッコの中には「の」に相当する言葉が入ると分かるので、正解はAとなる。"认识" という言葉をよく覚えておこう。日本語の漢字で書くと「認識」という単語。意味は「知り合う」「(人を) 知っている」。

40　正解 B

問題文和訳　男：日曜日映画を見に行くのは［どうですか］（行きませんか）？
　　　　　　女：いいですね。

解説　「～しませんか？」と勧誘する時、誘う内容を言った後に文末で "好吗？（いいですか？）" "好不好？（いいですか？）" "怎么样？（どうですか？）" と言えばよい。選択肢の中にB "怎么样" があるので、これが正解。

1級 第5回
解答・解説

正解一覧

1. 听力

第1部分	1. ×	2. ×	3. ✓	4. ×	5. ✓
第2部分	6. C	7. C	8. B	9. B	10. A
第3部分	11. F	12. A	13. B	14. D	15. E
第4部分	16. C	17. A	18. B	19. A	20. C

2. 阅读

第1部分	21. ×	22. ×	23. ✓	24. ✓	25. ✓
第2部分	26. C	27. A	28. F	29. B	30. D
第3部分	31. C	32. A	33. E	34. D	35. B
第4部分	36. B	37. E	38. A	39. F	40. C

聴力試験···P.120～P.125
読解試験···P.126～P.129

例題の解答はP14～P17で紹介しています。

第5回

1 听力

第1部分 問題 p.62

1 正解 ✗

スクリプト	スクリプト和訳
zuò cài 做 菜	料理を作る

2 正解 ✗

スクリプト	スクリプト和訳
bàba hé nǚ'ér 爸爸 和 女儿	お父さんと娘

3 正解 ✓

スクリプト	スクリプト和訳
wǒ de bēizi 我 的 杯子	私のコップ

4 正解 ✗

スクリプト	スクリプト和訳
liù diǎn líng wǔ fēn 六 点 零 五 分	6時5分

5 正解 ✓

スクリプト	スクリプト和訳
zài kāi chē 在 开 车	車を運転している

第2部分　問題 p.63　CD1　27

6　正解 C

スクリプト
Lǎoshī, qǐng hē chá.
老师，请喝茶。

スクリプト和訳
先生、お茶をお飲みください。

7　正解 C

スクリプト
Zhè ge diànnǎo zěnmeyàng?
这个电脑怎么样？

スクリプト和訳
このパソコンはどうですか？

8　正解 B

スクリプト
Nǎ ge zì bú huì dú? Zhè ge?
哪个字不会读？这个？

スクリプト和訳
どの字が読めないのですか？これですか？

9　正解 B

スクリプト
Zhuōzi shang yǒu yí ge píngguǒ.
桌子上有一个苹果。

スクリプト和訳
机の上にはリンゴが1つあります。

10　正解 A

スクリプト
Tā hé tóngxué zài jiā kàn diànshì.
他和同学在家看电视。

スクリプト和訳
彼とクラスメートは家でテレビを見ます。

第3部分 問題 p.64 CD1 28

11 正解 F

スクリプト

男：Érzi zài xuéxí?
　　儿子 在 学习？
女：Méi, tā zài dǎ diànhuà.
　　没，他 在 打 电话。

スクリプト和訳

男：息子は勉強しているのですか？
女：いいえ、彼は電話をしています。

12 正解 A

スクリプト

女：Zhè xiē shuǐguǒ duōshao qián?
　　这 些 水果 多少 钱？
男：Sānshibā kuài.
　　三十八 块。

スクリプト和訳

女：これらの果物はいくらですか？
男：38元です。

13 正解 B

スクリプト

男：Mā, mǐfàn yǒu diǎnr shǎo.
　　妈，米饭 有 点儿 少。
女：Méi guānxi, nǐ bà jīntiān bú zài jiā chī.
　　没 关系，你 爸 今天 不 在 家 吃。

スクリプト和訳

男：お母さん、ご飯がちょっと少ないですよ。
女：大丈夫。お父さんは今日は家でご飯を食べませんから。

14 正解 D

スクリプト

女：衣服太漂亮了，谢谢你。
　　Yīfu tài piàoliang le, xièxie nǐ.
男：不客气。
　　Bú kèqi.

スクリプト和訳

女：服すごくきれいです。ありがとうございます。
男：どういたしまして。

15 正解 E

スクリプト

男：这里面是什么？
　　Zhè lǐmian shì shénme?
女：都是书，有几十本。
　　Dōu shì shū, yǒu jǐshí běn.

スクリプト和訳

男：この中は何ですか？
女：すべて本です。数十冊あります。

第4部分　問題 p.65　CD1-29

16　正解 C

スクリプト

Wáng xiǎojiě míngnián sānyuè lái Zhōngguó.
王　小姐　明年　三月　来　中国。
　　　Wáng xiǎojiě shénme shíhou lái Zhōngguó?
问：王　小姐　什么　时候　来　中国？

スクリプト和訳

王さんは来年3月に中国に来ます。
問題：王さんはいつ中国に来ますか？

選択肢和訳　A　明日　　B　次の日曜日　　C　来年の3月

17　正解 A

スクリプト

Wǒmen zhèr hěn lěng.
我们　这儿　很　冷。
　　Tāmen nàr tiānqì zěnmeyàng?
问：他们　那儿　天气　怎么样？

スクリプト和訳

私たちのところはとても寒いです。
問題：彼らのところの気候はどうですか？

選択肢和訳　A　寒い　　B　雨が降っている　　C　少し暑い

18 正解 B

スクリプト

Wǒ zhùzài péngyou jiā li.
我 住在 朋友 家里。
　　Tā zhùzài shéi de jiā li?
问：他 住在 谁 的 家 里？

スクリプト和訳

私は友達の家に泊まっています。
問題：彼は誰の家に泊まっていますか？

選択肢和訳 A 先生　B 友達　C 娘

19 正解 A

スクリプト

Wǒ érzi sì suì le, huì xiě zì le.
我 儿子 四 岁 了, 会 写 字 了。
　　Tā érzi duōdà le?
问：他 儿子 多大 了？

スクリプト和訳

私の息子は4歳になり、字が書けるようになりました。
問題：彼の息子は何歳になりましたか？

選択肢和訳 A 4歳　B 7歳　C 9歳

20 正解 C

スクリプト

Wéi, wǒ zài chūzūchē shang, shí fēnzhōng hòu huǒchēzhàn jiàn.
喂, 我 在 出租车 上, 十 分钟 后 火车站 见。
　　Tāmen zài nǎr jiàn?
问：他们 在 哪儿 见？

スクリプト和訳

もしもし。私はタクシーの中なので、10分後に駅で会いましょう。
問題：彼らはどこで会いますか？

選択肢和訳 A 北京　B レストラン　C 駅

2 阅 读

第1部分　問題 p.66

21　正解 ✗

問題文和訳 水

解説 画像の「パン」は中国語では"面包 (miànbāo)"という。

22　正解 ✗

問題文和訳 暑い

解説 "热"は「暑い、熱い」という意味。画像の「寒い」は中国語では"冷 (lěng)"という。

23　正解 ✓

問題文和訳 学生、生徒

解説 日本語の「学生」は主に大学生を指すが、中国語の"学生"は小学生から大学生までを網羅する。

24　正解 ✓

問題文和訳 食べる

解説 「食べる」は中国語では"吃"という。"食 (shí)"という字は単独ではあまり使わない。

25　正解 ✓

問題文和訳 寝る

解説 "睡觉"の他にも"起床 (qǐchuáng)(起床する)""刷牙 (shuāyá)(歯を磨く)"など日常生活の行動を中国語で言えるようにしておこう。

| 第**2**部分 | 問題 p.67 |

26　正解 C

問題文和訳　彼はどうして話さないのですか？楽しくなくなったのですか？

解説　"怎么"には方法を尋ねる「どのように」と原因や理由を尋ねる「なぜ、どうして」の意味がある。どちらの意味かは文脈や文章全体から判断するが、ここでは"怎么"と動詞"说话（話す）"との間に否定を表す副詞の"不"が入っているので方法ではなく、「なぜ、どうして」の意味にとる。

27　正解 A

問題文和訳　それは私の猫ではありません。私の友達のです。

解説　文末"我朋友的"の後に"猫"が省略されている。つまり「私の友達の（猫）」という意味。猫のことを話しているので、猫の写っているAが正解。

28　正解 F

問題文和訳　雨がこんなにもひどくなりましたが、私たちはどうやって帰りますか。

解説　"雨这么大"で雨が降っていることがわかるので、雨を避けているFが正解。ここの"怎么"は"回家（家に帰る）"という動詞があるので「どのように」と方法を尋ねる疑問代詞ととる。

29　正解 B

問題文和訳　お父さんにさようならと言っています。

解説　文頭の"和"は「and」の意味ではなく、動作の対象を表す介詞と考える。父親とのお別れの場面と思われるので、手を振っているBが正解。

30　正解 D

問題文和訳　彼女は午前中にお店に行ってたくさんの物を買いました。

解説　"她"という1つの主語に対して"去商店（お店に行く）"と"买了很多东西（たくさんの物を買った）"という2つの述語が並ぶ連動文である。つまり買い物をした、ショッピングをした、ということが書いてあるので、紙袋をたくさん持った女性の写っているDが正解。

第3部分　問題 p.68

選択肢和訳

A　知りません。
B　12時です。
C　お米のご飯です。
D　私はとても好きです。
E　そこにいます。
F　ええ、ありがとう！

31　正解 C

問題文和訳　お昼に何を食べたいですか？

解説　ここの問題は疑問代詞に注目しよう。31番は"什么（何）"という疑問代詞が見える。これは名詞を尋ねる疑問代詞なので、名詞で答えているものを探すと、Cしかないので、Cが正解。

32　正解 A

問題文和訳　前の方のあの人は誰ですか？

解説　"谁（だれ）"という疑問代詞があるのに、人を表す答えが選択肢の中にない。選択肢の意味を確認していくとA「知りません。」が文脈に合う。Aの中にある動詞"认识"は「ある人を知っている」という意味。

33　正解 E

問題文和訳　あなたは私の犬を見かけましたか？

解説　この問題には疑問代詞が使われていないが、犬を探している場面であることは明白である。そこで、その犬がどこにいるかを答えているものを探す。すると、E「そこにいます。」が正解だと分かる。

34　正解 D

問題文和訳　あなたの今の仕事はどうですか？

解説　この問題には"怎么样（どう）"という疑問代詞が見える。これは状況や様子を尋ねる疑問代詞である。「どう？」と尋ねられた時の答えとしてふさわしいものはD「私はとても好きです。」なので、これが正解。

35　正解 B

問題文和訳　あなたは昨日いつ寝たのですか？

解説　"什么时候（いつ）"という疑問代詞が見えるので、時間を表す言葉で答えているものを探すと、Bがふさわしいことが分かる。文末に"的"があるので、この文は"是～的"の強調構文の"是"が省略された状態。この強調構文では原則としてすでに起こった動作について「いつ」、「どこで」、「どのように」起こったのかについて表すが、同型の"是＋名詞＋連体修飾の的"の構文との区別に注意しよう。

第4部分　問題 p.69

選択肢和訳
A 勉強する　　B 今日　　C 小さい　　D 名前　　E すべて　　F 座る

36　正解 B

問題文和訳　すみません。高医師は［今日］病院に来られなくなりました。

解説　主語"高医生"と否定の言葉"不"の間に入りうる成分は時を表す言葉か副詞くらい。選択肢ではB（時を表す言葉）とE（副詞）が該当するが、意味を考えるとBがふさわしいことが分かる。

37　正解 E

問題文和訳　私と私の夫はいずれも映画を見るのが好きです。

解説　主語"我和我先生"と動詞"爱"の間に入るものは、やはり時を表す言葉、副詞、更に介詞句が考えられるが、選択肢では36番と同様にBとEが入りうる。意味的により自然なのはEなので、Eが正解。なお副詞"都"は「すべて、みんな」を表すが、対象が2つの場合は「いずれも、どちらも」と訳すのが自然。

38　正解 A

問題文和訳　彼は中国語を勉強しに中国に行きたがっている。

解説　"去中国（中国に行く）"というフレーズが見えるので、「〜しに中国に行く」という典型的な連動文の形を思い出そう。連動文を作るならカッコには動詞が入る。選択肢の中ではAとFが動詞だが、文の意味を考えるとAが正解と分かる。

39　正解 F

問題文和訳　女：後ろに椅子がありますが、座りますか？
　　　　　　　男：やめておきます。ありがとうございます。後ろにいると聞こえませんので。

解説　カッコには動詞か形容詞を入れて述語としたいので選択肢から探すとA（動詞）C（形容詞）F（動詞）が該当する。文脈を考えるとF「座る」が最もふさわしいので、これが正解。

40　正解 C

問題文和訳　男：このテレビは小さすぎます。
　　　　　　　女：これはどうですか？

解説　"太〜了"の"〜"には主に形容詞（および一部の動詞）が入り、「あまりに〜だ」「たいへん〜だ」という程度の強調の意味になる。ここではC「小さい」が意味的にもふさわしいのでCが正解。

HSK合格をサポートする

公認テキスト ①級 ②級 ③級 ④級 CD付き

これ1冊でHSK対策ができる。

○ 過去問を徹底分析。
○ 各級に必要な文法事項を凝縮。
○ 音声付きの豊富な例文でリスニング試験に完全対応。
○ 出題頻度が分かる単語表付きで直前の対策にも最適。

ポイント1 出題傾向がよく分かる解説

ポイント2 全ての例文・単語をCDに収録

ポイント3 出題頻度の分かる単語表掲載

著者はNHKラジオ講座「まいにち中国語」の 宮岸雄介先生

略歴：**宮岸 雄介**（みやぎし ゆうすけ） 防衛医科大学校専任講師、東京生まれ。専門は中国思想史。早稲田大学大学院文学研究科博士課程単位取得満期退学。2001年より北京師範大学中文系博士課程（中国古典文献学専攻）に留学。著書に『とらえどころのない中国人のとらえかた』（講談社＋α新書）、中国語教科書に『中国語文法トレーニング』（高橋書店）、『30日で学べる中国語文法』（ナツメ社）、『作文で鍛える中国語の文法』（語研）など。翻訳に孟偉哉著『孫子兵法物語』（影書房）などがある。

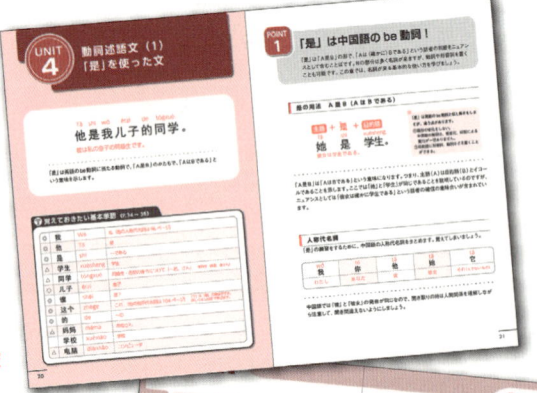

全国書店、ネットストアで好評発売中！

公認シリーズ 書籍 アプリ 映像教材

公認 単語トレーニング

HSK合格に必要な単語を手軽に学べる！

○ 出題範囲の単語すべてに過去問から抽出した例文をつけて収録。
○ すべての単語・例文・日本語訳の音声を収録。
○ テスト機能は「読解問題」「リスニング」の対策にも。

1〜5級 好評発売中！

Android版ダウンロード — ANDROIDアプリ Google play
iPhone版ダウンロード — App Store からダウンロード

＊推奨環境などについては各ストアでご確認ください。（タブレットは含まれません）

公認 映像講座 1〜4級

これだけでHSKに合格できる！

○ 公認教材の内容をさらに分かりやすくネイティブが授業形式で解説。
○ 学びながら発音も確認できるからリスニング対策にも。
○ 練習問題は1問1解説だから、分からない問題を繰り返し見られる。
○ 通勤・通学中、家、学校でも、インターネット環境さえあればどこでも見られる。

詳細はHSK公式サイトから
www.hskj.jp HSK 検索

お問い合わせ窓口：株式会社スプリックス　中国語教育事業部
Tel:03-5927-1684　Fax:03-5927-1691　E-mail:ch-edu@sprix.jp

本書は、株式会社スプリックスが中国国家汉办の許諾に基づき、翻訳・解説を行ったものです。日本における日本語版の出版の権利は株式会社スプリックスが保有します。

中国語検定 HSK 公式過去問集 1級　[2013年度版]

2013 年 12 月 13 日　　初版　第 1 刷 発行

著　　　者：問題文・音声　孔子学院总部 / 国家汉办
　　　　　　　翻訳・解説　株式会社スプリックス
編　　　者：株式会社スプリックス
発　行　者：平石 明
印刷・製本：株式会社インターブックス
発　行　所：株式会社スプリックス
　　　　　　〒171-0021　東京都豊島区西池袋1-11-1
　　　　　　　　　　　　メトロポリタンプラザビル 12F
　　　　　　TEL 03(5927)1684　　FAX 03(5927)1691
落丁・乱丁本については、送料小社負担にてお取り替えいたします。

©SPRIX　Printed in Japan　ISBN978-4-906725-10-6

本書および付属のディスクの内容を小社の許諾を得ずに複製、転載、放送、上映することは法律で禁止されています。
また、無断での改変や第三者への譲渡、販売(パソコンによるネットワーク通信での提供なども含む)は禁じます。

HSK日本実施委員会 公認

SPRIX